U0463403

走街串巷 说天津

○罗文华 著

天津社会科学院出版社

图书在版编目（CIP）数据

走街串巷说天津 / 罗文华著. -- 天津 ： 天津社会科学院出版社，2025．5． -- ISBN 978-7-5563-1082-1

Ⅰ．K292.1-49

中国国家版本馆 CIP 数据核字第 20250FC784 号

走街串巷说天津
ZOUJIE CHUANXIANG SHUO TIANJIN
选题策划：韩　鹏
责任编辑：刘美麟
责任校对：付聿炜
装帧设计：高馨月
出版发行：天津社会科学院出版社
地　　址：天津市南开区迎水道 7 号
邮　　编：300191
电　　话：（022）23360165
印　　刷：北京盛通印刷股份有限公司
开　　本：880×1230　　1/32
印　　张：7.5
字　　数：160 千字
版　　次：2025 年 5 月第 1 版　　2025 年 5 月第 1 次印刷
定　　价：68.00 元

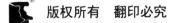

序

●林　希

　　罗文华先生嘱我为他的天津历史文化随笔集《走街串巷说天津》写序，说到写序，真让我犯难：身为通俗小说写手，怎敢为学人的著作写序？然而，在读了罗文华先生这部文集之后，我竟然斗胆欲试，要以通俗小说写手之身与学人为伍了。

　　罗文华先生的文章，我是篇篇必读的。罗先生做学问，涉猎极广，上至文学、历史，再至收藏、鉴赏，下至民俗、里巷，闲时还有诗歌、小说发表，另有翻译著作行世，真是琳琅满目，令人目不暇接。可喜的是，罗先生更于天津地域文化上精心探究，亦多有建树，他写的《消逝的天津风景》《七十二沽花共水》《流金溢彩解放路》《〈点石斋画报〉里的天津》等著作，有口皆碑，成为人们了解天津历史、研究天津文化的必读之书。

　　说到研究天津地域文化，鄙乡不乏名家，也有人被封为"大师"，但是罗文华先生对于天津地域文化的阐述最具有个人特色。他的这部《走街串巷说天津》向读者展现的，不是单纯的地域知识，更不是那些俗不可耐的导游套话，而是一座著名大都市中几十条街道和胡同沧桑的历史沿革与独特的文化内涵。罗先生更以诗意的情怀、温馨的文字述说着他对这座城市无限的深爱。或者说，他是以欣赏者的视角讲述天津人生于斯、长于斯的每一条大街小巷。更为可贵的是，罗先生将每一条街衢和胡同都放在历史和当下宏大的坐标系上，挖掘它们的历史价值，彰显它们的人文品格。

老天津人大都知道现在的花园路原来叫霞飞路，常去上海的人亦大都知道上海的淮海中路原来也叫霞飞路，但是知道汉口法租界也有一条以霞飞命名的道路的人，可能就不多了；至于想知道这几条霞飞路各自的前世今生、风雨历程，那就要向罗先生请教了。像这样容易引起读者兴味与忆趣的篇章，在《走街串巷说天津》书中比比皆是。

天津是中国最早开埠通商的大都市之一，几代天津人以他们的汗水和智慧在这片退海之地上建成了一座国际知名的现代化大都市。这座城市的每一条道路、每一条胡同都有自己非凡的故事，更经历过自己的辉煌和屈辱。讲述这座城市条条道路和胡同的故事，正是告诉我们的读者不要忘记苦难的历史，更要珍惜来之不易的今天，从而激发起我们把自己城市建设得更好的勇气和力量。

《走街串巷说天津》这部书，以独具特色的美文佳话，呈现给读者温暖的乡情，从而带来新鲜而醇厚的阅读享受。于我，在获得阅读愉悦的同时，还能以一篇粗浅的读后感，作为学识渊博、才华横溢的罗文华先生的新著的序言，与有荣焉，幸甚至哉。

2024 年 9 月 26 日写于美国圣迭戈

目　录

寸土寸金 /117

艺文荟聚 /139

说长道短

此路最短也最长

以名人命名的道路，在天津并不多。尽人皆知的，也就是中山路、张自忠路那么两三条。和平区劝业场附近有一条杨福荫路，看上去也很像以名人命名的。它连通繁华的滨江道和长春道，大约只有百米长，号称天津最短的路。

杨福荫，其实并不是一个人名。1918年，有一位在天津经营福荫公司的广东商人杨仲绰，在法租界法国菜市（后来叫长春道副食商场）附近出资建起了一片两三层高的楼房，在楼房中间留了一条较宽的过道。于是，便以杨仲绰的姓加上其经营公司的名字，将它命名为"杨福荫路"。房子建成后，杨仲绰把临街的房屋全部租给了钱庄和银号，如德华昌银号、聚元银号、广瑞银号、春和银号、利和银号、广业银号、中国丝茶银行、信诚银行等，所以人们习惯把这里叫"钱庄街"。杨

福荫书店

杨福荫路

仲绰曾被推举为天津广东会馆董事长，并经营会馆内的广东音乐会、旅津广东学校等项目，成为旅居天津的"广东帮"后期代表人物。1937 年 7 月天津沦陷后，福荫公司遭到日本当局和汉奸的盘剥和敲诈，不得已于 1943 年宣布倒闭。20 世纪 50 年代初，杨仲绰移居香港。

一百多年来，杨福荫路历经法租界时期、日据时期、国民党统治时期，直到新中国成立后，路名却始终没有更改，成为近代天津租界所辟数百条道路中的一个特例。这条旧租界最短的道路，同时有幸成为路名延续年代最长的道路。

杨福荫路之名得以百年未变的原因，据我分析：第一，它本来就不是天津城市的一级、二级道路，而只是一条宽胡同、大过道，所以很可能在历次讨论更改市区路名时，它都没能列入讨论范围；第二，"杨福荫"这三个字的意思，后来很少有人知道，甚至查都很难查到，所以即使有人想改一下这个路名，也不敢轻易动手：这万一要是历史上一位民族英雄的姓名呢？如果人们真的了解这个路名的含义，或许"杨福荫"便难以保留。

闹中取静的杨福荫路，由于没有车来车往，很是安静。路边的老楼，虽然早已不是钱庄和银号了，但门脸儿还算整齐。过去人们骑自行车来逛劝业场，便把车存在这里，现在存车处早已撤销。临滨江道的过街楼下，摆着一个书摊，记得它至少有三十年的历史了。很久以前我在这儿买过几本特价新书，儿子小的时候也跟我到这儿选过他爱看的童书。这次路过，书摊还在，但无人看守，墙上挂着一块牌子，上写"福荫书店"，还画着一个箭头指向里面。顺着箭头往前走，路西有一个小院，院门口立着一个绿色的牌子，上写"天津最短的路藏着最深的——福荫书店"。从这句广告语中，可以看到店主敏锐的经营意识。院里的福荫书店，一窗一门，窗子内外摆放着绿植和鲜花……

有书香，有花香，杨福荫路也就有了再存在一百年的底气和精气神儿。

鲜有人知青岛道

南京作家王振羽先生写了一篇散文，专门谈了南京的青岛路。青岛作家薛原先生读后，颇感兴趣，建议我也写写天津的青岛道。我知道，除了南京的青岛路引人注目，坐落着大名鼎鼎的司徒雷登公馆外，青岛本身也有一

青岛道

条青岛路，那是青岛最早修建的道路，位于原德国胶澳总督府门前，当然也是当时青岛最重要的道路。此外，上海、新疆的乌鲁木齐、吉林的长春、河南的洛阳、湖北的武汉与宜昌、江苏的太仓，以及山东本省的济南、威海、东营、日照、莱西等城市，都各有一条青岛路。

天津市和平区也有一条青岛道。在天津和平区大部及河西区北部，在道路命名时，大致遵循：南北向的道路称"路"，东西向的道路则叫"道"。"路"的名称一般是取全国各省和自治区的名称，"道"的名称则取全国主要城市的名称。道路名称的

排序，也与所取全国地名的东西南北方位大致相同，如青岛道，北面最近一条与它平行的道路是烟台道，南面最近一条与它平行的道路则是泰安道。因此，天津的青岛道只是借用了青岛这个地名，与青岛市并无任何实质性的关系。

青岛道邻近初期的天津英租界，属于英租界第一次扩张界，作为道路，它已经有一百多年的历史了，资格不可谓不老；但若论起知名度来，它在天津的道路中却并不知名。我乘出租车时常与司机们聊天，有意考考他们对天津地理的熟悉程度，总是问他们青岛道在哪。结果呢，能说出它大致方位的司机寥寥无几。

青岛道不著名，主要是因为路太短。南侧主要是一些居民楼，东西两端的一楼开着两家不同地方风味的面馆，北侧坐落着几个机关单位。整条路也就是百余米长，又被浓密的法国梧桐树叶掩映着，便更显得默默无闻了。用"隐蔽"来形容这条路，可能比"偏僻"更恰当。

青岛道不著名，还因为它附近的道路太著名了，例如南面最近一条与它平行的道路泰安道，路旁坐落的建筑园林名头都很大：原英国俱乐部、利顺德大饭店、原维多利亚花园、原开滦矿务局大楼、原英国领事官邸、安里甘教堂、孙传芳旧居……前些年在那一带建成以英式建筑风格为主的特色旅游商业街区，就被命名为"泰安道五大院"。青岛道也在"五大院"规划之内，从它的东头南望，可以清晰地看见泰安道上那座哥特式的安里甘教堂，灰砖墙，红瓦顶，上有小尖塔……

我在烟台道古籍书店买了三十多年书，我太太年轻时又在这家书店上班，所以我曾经无数次走过青岛道的路口，但是说实话，我对这条路也几乎没留下什么印象。十几年前，宜兴紫砂名家范洪泉先生派他的女婿来津看我，我应约到青岛道一家饭店找他，陪他在附近看天津街景。范洪泉先生的这位女婿住在上海，他对我说，走在青岛道附近，尤其是达文里一带，就仿佛走在上海的街上。如今，与上海老弄堂十分相似的达文里已经在城市改造中彻底消失，而青岛道的路牌却依然幸运地伫立着。

青岛道附近的人民礼堂旧址

青岛胡同堪考证

天津带"青岛"的地名，除了和平区的青岛道，河西区还有一条青岛胡同。和平区的青岛道只是借用了青岛这个地名，与青岛市并无任何实质性的关系；而河西区的青岛胡同则可能与青岛有点儿关系。河西区北部有一条九龙路，建于德国租界时期，曾经叫青岛路。青岛

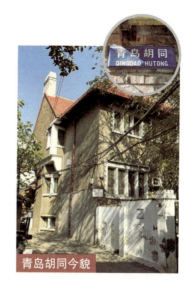

青岛胡同今貌

曾经为德国所占，设有德国总督府，天津的青岛路位于旧德租界，路的名称能跟青岛一点儿关系没有吗？青岛胡同的得名，就因靠近旧青岛路，也就可能与青岛有些渊源。

青岛胡同是马场道与浦口道之间的一条通道，长不足百米。现在马场道一端已被护栏封上，人车只能从浦口道一端出入。这一带早年叫清鸣台，是一个小水坑。20世纪初，划入德租界新界。1924年前后，英国人戈尔投资，由德国建筑师设计，在这里建造了四幢德式小楼，都是二层砖木结构，局部三层，带地下室，顶部是多坡大筒瓦，设有老虎窗，外立面是疙瘩小

卵石混水墙面。因靠近当时的青岛路，所以取名为青岛胡同。其中一幢小楼为原德国武官公寓。我认为，住在这里的德国武官是否曾经在青岛工作过，是一个值得考证的问题。

1957年，九三学社天津市委员会开始在这幢小楼里办公。20世纪八九十年代，我常到这幢小楼里向在此工作的著名书画家赵士英先生约稿。这幢小楼是九龙路上最漂亮的洋房，因而我也喜欢在它的里里外外四处看看。它明明就坐落在九龙路上，地址却标为九龙路1号青岛胡同2号。根据地形分析，我觉得青岛胡同最早的出入口很可能就在这幢小楼旁边，即在当时的青岛路现在的九龙路上。在先有主路后有辅路的情况下，辅路只有通向主路，才有理由与主路同名。例如马场别墅（实是一条胡同）就通马场道，睦南里就通睦南道。总之，青岛胡同不通青岛路，大致是讲不通的。

在天津的胡同里，青岛胡同具有较高的知名度，因为这里曾经住过一位中国近代史上备受争议的传奇人物杨度。杨度1915年著《君宪救国论》，组织筹安会，为袁世凯称帝出谋划策。1916年袁世凯死后，杨度被通缉，但据说"他先此已隐居天津德租界清鸣台8号寓所"。那时青岛胡同的几幢小楼还没建造，甚至还没有青岛胡同这个名称。杨度的旧居究竟还在不在，如果在的话到底是哪幢哪间，这又是一件难以考证的事情。

伊曼纽尔三世路

在近代天津九国租界中，有些租界最主要的道路是以曾经占领国的国家元首名字命名的，如英租界的维多利亚道（今解放北路）、德租界的威廉街（今解放南路）、俄租界的尼古拉路（今六纬路）等。意租界大马路又称伊曼纽尔三世路（今建国道），以意大利国王伊曼纽尔三世的名字命名，它有一项纪录是天津各国租界主要道路之最：这条路从命名到改名，长达四十多年，而这期间道路所用名字的国王本人始终在世、在位。

维克多·伊曼纽尔三世（1869—1947），意大利国王（1900—1946年在位），兼任埃塞俄比亚皇帝（1936—1941）、阿尔巴尼亚国王（1939—1943）。1900年，伊曼纽尔三世在其父翁贝托一世国王遇刺后即位。他接受自由派内阁，默许对奥斯曼帝国发动战争和参加第一次世界大战。法西斯分子攫取政权后，他成为墨索里尼的傀儡。1944年，他任命王储翁贝托（即翁贝托二世）为摄政，本人放弃一切权力，但保持国王称号。1946年逊位，意大利实行共和国制后与其子流亡国外。1947年病逝于埃及。

维克多·伊曼纽尔三世，又译作维托里奥·伊曼纽三世、爱麦虞埃三世、埃马努埃莱三世等，中国媒体和钱币收藏界习

建国道今貌

惯上采用"伊曼纽尔三世"的译法，当与天津近代确有一条同名的道路有关。

1900 年至 1902 年，今河北区建国道所处地段从东至西分别被俄、意、奥三个租界陆续开辟。意租界所处的中段从今五经路至胜利路，称"大马路"，意大利文名称为"伊曼纽尔三世路"。1908 年，此路开通红牌有轨电车。1914 年，此路铺设成天津第一条柏油马路。1916 年，路旁建成意大利领事馆大楼。20 世纪 20 年代，路旁建成意租界工部局大楼。1943 年意大利向盟军投降并对德宣战，日军遂占领意租界，将此路改称"金汤五道"。天津意租界正式收回后，1946 年将原俄、意租界两段路合并，改称"建国道"。1953 年，又将原奥租界路段并入，统称"建国道"。

伊曼纽尔三世路是意租界的行政中心，又处在天津东站通往老城厢的要道，地理位置十分优越，两侧多筑有意大利古典庭院式住宅。如今尚存的伊曼纽尔三世时代的建筑，除原意大利领事馆外，还有著名报人刘髯公故居、原意大利天主教方济各会圣心堂等。

洋皮中里博爱道

"在天津这许多年，昭德并未踏足孟养辉修设的孟氏家庙半步。待到真去了，才知是咫尺之遥，就在桑朱利亚诺侯爵道上……"当代作家葛亮颇有影响的长篇小说《北鸢》，写民国时期的天津，是对女主人公孟昭如与大姐孟昭德到同宗孟养辉修设的孟氏家庙祭拜祖先一段

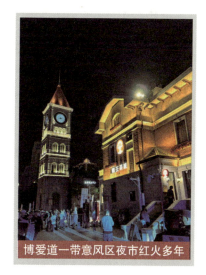

博爱道一带意风区夜市红火多年

描写。这孟氏家庙坐落的桑朱利亚诺侯爵道，今天叫博爱道。

　　桑朱利亚诺侯爵道临近海河，旧时又称六马路，是天津意大利租界靠南边的一条马路。改名为今天的博爱道，也在河北区意大利风情区最南缘。在我的印象中，博爱道一直是一条干干净净、安安静静、整整齐齐的小马路。20世纪五六十年代，博爱道南侧不远处先后建成规模宏伟的海河中心广场和检阅台，成为天津最重要的集会、联欢场所。但盛大活动一过，博爱道马上就会恢复平日的优雅与闲适。

作为当时天津的地标建筑，海河中心广场的彩色航拍照片常常出现在画报和明信片上。从这些照片上，可以清晰地看到检阅台后面博爱道上的一排浅色墙面的公寓式洋楼。我三姑家过去就住在其中的一幢洋楼里。楼下的小胡同，是第一工人文化宫（简称"一宫"）大剧场的侧门。"一宫"电影一散场，观众便似潮水般从三姑家窗下涌过。三姑父的父亲是一位慈祥的老人，他给我讲过一些他小时候的见闻。记得他说，意租界多见一匹马拉的马车，如果看见两匹马拉的马车，那车上坐的就是梁启超。

三姑家往东，隔着两座小洋楼，便是著名的孟氏家庙。这座建筑建于1912年，原为绸缎商孟养轩的家族祠堂。孟养轩曾经在天津经营谦祥益绸缎店，享誉海内外。这座中西合璧的建筑，在小说《北鸢》中被如实描写了："昭如看这家庙，倒真真不像个祠堂。打外面看，是个地道的三层洋房，和这街面上的建筑，并无两样。可走进去，豁然开朗，是一个四合院。天井、正房、厢房、坡屋顶，青砖黑瓦。昭德看得也有些发呆，说，你这房子造的，是洋人皮儿，中国里儿……孟养辉就好脾气地一笑，说，是中国心。"博爱道之"博爱"，看似舶来品，其实也是华夏古语，是中国心。

也说曙街与曙草

在繁华的和平路东侧，目前还保留着一段嫩江路。比起与之平行的和平路，嫩江路既窄且短。在交通和商业功能上，嫩江路过去其实就是和平路的辅路。在日租界时期，和平路被称为"旭街"，嫩江路则被称为"曙街"。后来有研究地名的专家指出，曙街"表面看起来意思与旭街重复，但日文有'曙草'，为樱花之别名，因此曙街其实就是樱花街，后来其作为著名的花街柳巷，也确实樱花绚烂"。对此，我也想谈些自己的看法。

曙街（嫩江路）及附近环境的变迁

首先，曙街与旭街表面看起来意思并不重复。无论是中国人还是日本人，都能从字形和读音上清晰地区分出这两个地名。我认为，曙街与旭街在意义上是既相对应而又有密切关联的。旭街建于 1903 年，又叫"旭日街"，"旭日"乃众所周知的日本自诩之称。因旭街南端与法租界最繁华的杜总领事路相接，北面通至天津旧城，地理位置极为重要，当时便将其设计为日租界的中心道路。曙街稍晚于旭街，建于 1906 年，按照日本民族的太阳情结，将建于旭街之东方、距离海河更近的道路，命名为曙街，是非常合情合理的。曙者，曙霞也，早于旭日。唐代诗人石殷士《日华川上动》有句"曙霞攒旭日，浮景弄晴川"，便表达出两者之关联。

其次，"日文有'曙草'，为樱花之别名，因此曙街其实就是樱花街"，这种说法缺乏依据。"曙"的日语发音 akebono，即黎明、曙色之意。作为公共道路名称，怎会放弃本来的意义，而绕来绕去地演变成"樱花之别名"？说到"曙草"，我曾读过日本园艺学家柳宗民的《杂草记》，其中写到一种野花，"底色为纯白，中间有两个绿色的斑点，好似一双眼睛，顶端缀着黑紫色的斑点。这些斑点仿佛破晓的天空中逐渐消失的星星，于是人们就叫它'曙草'了"。请看，这"曙草"不还是黎明、曙色之意吗？

至于说曙街"后来其作为著名的花街柳巷，也确实樱花绚烂"，则更是一种对历史的调侃，与道路之名毫无关系。试想，日本人怎么会以该民族视为神圣的樱花之别名，去命名糜烂堕落、乌烟瘴气的一块"游廊地"呢。

福煦何时成路名

繁华的滨江道西段，即从大沽北路至南京路这一段，在法租界时期曾称"福煦将军路"（Avenue Général Foch）。其中的"煦"字，也多见写成"熙"，因为是音译，这两个字字形相似，意义又都非常好，所以完全可以通融。天津文史资料记载，福煦将军路建于1900年。这句话本身并没有问题，正是在1900年，天津法租界向西扩展到墙子河（今南京路），其东西向的主干道路葛公使路（今滨江道的

滨江道今貌

东段，即从张自忠路至大沽北路这一段）自然也要向西延伸，形成后来的福煦将军路。然而，观察1900年及稍晚的几种天津地图发现，这条"福煦将军路"在那时并未成形，也没有明确标注出道路名称。

斐迪南·福煦（1851—1929），1873 年毕业于巴黎综合工科学校，后任炮兵军官。1885 年进高等军事学院学习，后任教官。1908 年以准将衔任高等军事学院院长。1914 年升任中将。第一次世界大战初期，在马恩河战役中为协约国的胜利发挥重要作用。1914 年秋任北部集团军司令。1917 年 5 月任协约国联军总参谋长和政府军事顾问，协调西线协约国军行动。1918 年 4 月出任协约国联军总司令。8 月晋升法国元帅，指挥协约国联军彻底击败德军在西线的攻势。11 月 11 日在贡比涅森林与德国代表签订停战协定，接受德国投降。1919 年任国家高级军事委员会主席和巴黎和会法国代表团首席军事顾问。战后还接受英国和波兰授予的元帅称号，并当选法国科学院院士。根据福煦的生平事迹，他 1907 年才晋升准将，所以法国当局不可能在 1900 年就为一名仅有中校军衔的教官在海外的租界命名一条"福煦将军路"。

可供参考的是，汉口有一条蔡锷路，在法租界时期称"福煦大将军街"，是 1918 年命名的；上海著名的延安中路原来叫"福煦路"，是 1920 年筑路时命名的。法国巴黎也有一条宽阔的"福煦大街"，是 1929 年命名的。这几条福煦路，都是在第一次世界大战结束后，为彰显福煦的军事指挥和协同组织才能而命名的。福煦究竟何时成为天津法租界的路名，值得关注和研究。

津沪皆有霞飞路

霞飞，这么一个浪漫柔美的中文名词，其实是一位法国将军名字的音译。约瑟夫·雅克·塞泽尔·霞飞（1852—1931），法国元帅、军事家，是第一次世界大战初期的法军总指挥，以赢得凡尔登战役和索姆河战役而闻名。在曾经天津、上海、汉口的法租界内，都有一条以霞飞命名的道路。

上海的霞飞路，即现在的淮海中路，名店林立，名品荟萃，一百多年来以繁华、时尚、奢侈、洋气著称于世，乃至有人将其与巴黎的香榭丽舍大道、纽约的第五大道相提并论。这条路开

天津霞飞路（花园路）的变迁

通于 1901 年，最初叫宝昌路，1915 年更名为霞飞路，1943 年更名为泰山路，1945 年改称林森中路，1950 年为纪念淮海战役胜利更名为淮海中路。尽管路名多次变更，但在改称淮海中路之前，人们一直习惯叫它霞飞路。据说 1922 年霞飞将军到上海时，知道这座城市有一条马路是以自己名字命名的，非常得意，还亲自种下了一棵"和平树"。

天津的霞飞将军路，简称霞飞路，即今天的花园路。有的文章写 1902 年就有霞飞将军路，这种说法肯定不对，因为那时霞飞才是一名旅长。与上海霞飞路的摩登、时尚不同，天津霞飞将军路的风格是优雅、静谧。霞飞将军路很短，它环绕着法租界的法国公园。法国公园又名"法国花园""法兰西公园""霞飞广场"。法国公园在海大道花园局部旧址兴建，始建于 1917 年，1922 年竣工。该园占地 1.27 公顷，为半径 65 米的正圆形，园区由同心圆及辐射状道路分割，是典型法国规则式人工园林。园中心筑西式八角双柱石亭一座，周围为花木草坪。霞飞将军路外侧多为造型别致的欧式小楼，名人名宅荟萃，衬托出公园高贵的人文品位。该园临近劝业场繁华商业区，闹中取静，景观幽雅，气氛淳朴，是天津各租界公园中最为漂亮的。法国公园 1941 年改名为"中心公园"，1945 年抗战胜利后改名为"罗斯福公园"，中华人民共和国成立后改回"中心公园"。多年前，园中心那座很有特色的西式石亭被拆除，改建音乐喷泉，同时将公园围栏撤去，变成"中心文化广场"。虽然花园改叫"广场"了，但环绕花园的路仍叫"花园路"。后来，那座被拆除的西式石亭又在原地复建了。

佩丹路上说贝当

和平区承德道西段（花园路至河北路段），在法租界时期叫作佩丹路。"佩丹"这个译名，与"霞飞""福煦"一样，非常好听，但是现在几乎没有人知道它到底是什么意思了。"佩丹"法文为Pétain，一般译为"贝当"。贝当是法国近代著名政治家、军事家，担任过元帅和法国总理。

亨利·菲利普·贝当（1856—1951），是第一次世界大战和第二次世界大战时期的显要人物。早年，他曾在法国圣西尔军校和法国军事学院学习与深造。在第一次世界大战中，贝当指挥凡尔登战役得力，奠定了协约国打败同盟国的基础。贝当因此升任法军总司令，并晋升为元帅，成为名噪一时的国家英雄。战后，贝当先后担任法国最高军事委员会副主席、陆军部长等职。

佩丹路是法租界的34号路，道路形成不会太早；命名

承德道（原佩丹路）上的
陈香含美术馆

为"佩丹路",应该是在贝当于第一次世界大战出名后。

第二次世界大战开始后,纳粹德国军队于1940年6月攻占巴黎。法国总理雷诺下台,贝当接任总理。法国人民希望贝当能发扬当年之勇,再次领导法军抗击德军,可是贝当这个84岁高龄的老元帅却向希特勒投降了。1940年7月,贝当傀儡政府迁至法国南部城市维希,被称为"维希政权"。贝当被授予"国家元首"称号并兼任总理,权力比当年路易十四还要大。1944年8月,戴高乐将军解放巴黎,德国人把贝当从维希带到德国软禁。德国投降前夕,穷途末路的贝当向法国临时政府自首。1945年8月,贝当以叛国罪被判处死刑。经戴高乐特赦,改判终身监禁。1993年上映的法国影片《贝当》,表现的即是他的这段历史。

"佩丹路"这个路名叫到1941年,被日伪当局改为"兴业三区三十四号路"。1945年抗战胜利后,改叫"承德道"。"佩丹路"把在民族危亡之际卖国求荣的老元帅贝当永远钉在了历史的耻辱柱上,将被历史铭记。

近代上海法租界也有一条"贝当路",即今天的衡山路。1922年由法租界公董局兴建,沿路为高级住宅区,多花园洋房和公寓,还坐落着上海国际礼拜堂、百代唱片公司等,绿化水平居上海前列。近年,上海衡山路已成为著名的酒吧街。

此泰安非彼泰安

　　和平区东部有一条泰安道，东起台儿庄路，西至南京路，长不到一公里，但知名度却很高。英租界时期，这条路叫咪哆士道，处于英租界核心地带，道路两旁坐落着很多著名的建筑园林，如利顺德大饭店、英国俱乐部、维多利亚花园及戈登堂、开滦矿务局大楼、英国领事官邸、安里甘教堂、周学辉宅邸、孙传芳宅邸、徐世昌宅邸等。天津解放后，泰安道曾在一段时期内是天津市级机关所在地。前些年，这里又建成著名的泰安道五大院商业街区。泰安道不仅建筑精美，而且花木婆娑，体

泰安道上的英国领事官邸旧址
（上）和安里甘教堂（右）

高叶浓的法国梧桐尤显优雅，使之成为和平区东部景观最漂亮的道路。

今天的泰安道，是1945年第二次世界大战结束后命名的。从它北面与之平行的太原道、烟台道、青岛道、济南道，以及南面与之平行的彰德道、曲阜道来看，泰安道的名称显然取自山东省泰安市。有意思的是，英租界时期，天津原有一条泰安道，在英租界西部（今和平区五大道地区），现为香港路。

英租界时期的泰安道（今香港路），虽然也是用的"泰安"二字，却与山东省泰安市没有任何关系。这个"泰安"是英文Tyne的音译。根据天津英租界当局多以英国及其殖民地著名地名为道路命名的习惯，Tyne应该指的是英国的泰恩河。

泰恩河系英格兰北部河流，由北泰恩河和南泰恩河汇合而成，在英格兰北部的政治、商业和文化中心城市纽卡斯尔流入北海。泰恩河全长一百多公里，干流、支流大部分流经农村，大片流域地区位于诺森伯兰国家公园内。泰恩河畔的埃尔斯维克，是19世纪世界船业中心之一。阿姆斯特朗的埃尔斯维克船厂，曾为英国皇家海军、沙俄海军、美国海军、日本海军、清朝北洋海军等制造过大型军舰，从造船到武器配备一次性完成。这里装备的当时世界上性能先进的阿姆斯特朗式线膛舰载火炮，1860年在第二次鸦片战争中被英法联军使用，攻克了天津大沽炮台。1880年至1887年，清朝北洋海军的"超勇号""扬威号""致远号""靖远号"四艘铁甲舰也都是从这里下水，远涉重洋，回到天津大沽口。

和平路与和平道

中国人民热爱和平，中国很多城市都有一条以"和平"命名的道路，著名的如山西省太原市和平路、广东省广州市和平路、河北省石家庄市和平路、四川省成都市和平街等，知名度最高的还是天津市和平区的和平路。

天津和平路始建于 1905 年，当时以今锦州道为界，以北属日租界，名旭街；以南属法租界，名杜总领事路。20 世纪 20 年代末 30 年代初，随着中原、天祥、劝业等大型商场，惠中、交通、国民、东方等高级饭店，以及渤海大楼、浙江兴业银行等著

民主道上的汤玉麟故居

名建筑的落成，这条路成为天津乃至中国北方最为繁华的商业街。1946年，这条商业街统称罗斯福路。1953年，取"热爱和平"之意，更名为"和平路"。

除和平区和平路外，天津历史上还曾经有一条"和平道"，即今天河北区民主道东段。

在天津租界开辟之前，民主道一带为海河岸边贮盐之地，西侧有居民聚居。1902年，民主道所在区域成为意大利租界和奥匈帝国租界后，民主道就以今胜利路为界分属意、奥两国租界。1903年，意、奥两国租界工部局协议分段修筑民主道。其中，奥租界所属西段从今海河东路至胜利路，称奥租界二马路，又称金汤二马路；意租界所属东段从今胜利路至五经路，称二马路，又名文森索罗西道。1946年，原意租界二马路改称"和平道"。

意租界二马路迄今保存完好的著名小洋楼，有曹禺故居、张廷谔故居、汤玉麟故居等。天津解放后，1949年4月，华北贸易总公司在津设立长芦盐业公司，地址设在和平道。同年5月，天津市职工总会筹委会成立九个工作委员会，其中包括运输码头工人、三轮车工人在内的"运输苦力工作委员会"，地址也设在和平道。

1953年1月底，天津市人民政府委员会第十七次会议与天津市各界人民代表会议协商委员会第二十次会议举行联席会议，决议将罗斯福路改称"和平路"。同年3月初，天津市人民政府委员会讨论通过，决定将原金汤二马路与和平道合并，改称"民主道"。因此，"和平道"与"和平路"两个路名在天津历史上曾有一个多月的重叠使用期。

北平道变唐山道

劝业场和小白楼，是近代以来天津的两大商业中心。从劝业场到小白楼之间有两三站地，这一段多为居民区，比较安静，相对没有那么繁华。但就在这一段居民区中，出现了一条商店相对集中的唐山道，属于社区服务型的商业街。唐山道东起大沽北路，西至山西路，不算长，但由于它处于劝业场与小白楼之间，知名度并不低。

唐山道上的中共中央
在津秘密印刷厂旧址

看近代天津地图，便会发现今唐山道中段市公安局一带，原是英租界的一片墓地，标为"洋人墓"。19世纪80年代后期，英租界工部局修筑了一条从海大道（今大沽北路）到墓地和墓地外的道路，取名"墓地路"。就像英租界南部那条通往跑马场的道路叫"马场道"一样。1914年，这条墓地路改铺石渣路面。1917年，改名为"广东街"。1922年，改铺沥青路面。1934年，改称"广东道"。1946年，这条路改叫"北平道"。

那么，为什么后来"北平道"改名为"唐山道"了呢？我个人分析，因为北平1949年成为中华人民共和国的首都，改称"北京"，天津就不可能再保留"北平道"的路名了。那么，是不是将"北平道"改称"北京路"就可以了呢？答案是：这也不太好。因为与附近的大沽路、解放路、和平路相比，这条路只能算是三级道路，不足以支撑起"北京"这个大名。上海市中心也有一条北京路，与南京路平行，它虽然不如南京路繁华，但地位也不低，南京路俗称"大马路"，北京路则俗称"后大马路"。因此，天津干脆回避了"北京路"，选择北京附近的唐山做了这条路的名称。

唐山道的繁华地段主要在东段，即从大沽北路到建设路这一段。我太太的娘家曾经住在附近，买食品、啤酒都是到唐山道与大沽北路交口西南侧的"敬德成"。往西走，有早点部和副食店，再早还有一个水铺。唐山道与大沽北路交口西北侧是一家五金用品商店，曾经是西门子天津分公司的办公大楼。被称为"东方的辛德勒"的拉贝，20世纪二三十年代曾在这里做公司经理。在十几年前的城市改造中，繁华的唐山道东段整个消逝了。

唐山道中段，门牌 47 号，是毛泽民夫妇建立的中共中央在津秘密印刷厂旧址。它是新民主主义革命时期中共中央唯一驻津单位。这是一幢座椅式的青灰砖二层楼房，约建于 1900 年。带小院的前门临街，后门有胡同，四通八达，出入方便。每次路过这里，我都会想起中学语文课学过的那篇《第比利斯的地下印刷所》。再往西，市公安局大楼旁边的一幢小楼里，有著名老报人吴云心先生的故居。唐山道西段连体别墅中的一幢，曾是著名法制文学刊物《蓝盾》的编辑部，这片老楼也早已消逝，仅留在人们的记忆里了。

纪念碑街有铜人

今天的河西区浦口道，在德租界时期称"纪念碑街"。这里的"纪念碑"，指街上矗立的德国阵亡将士纪念碑。其实，这块碑是卢兰德铜像的基座。

卢兰德铜像曾坐落于德租界威廉街与纪念碑街交汇的小广场，即今解放南路与浦口道交口。这个圆形小广场的东北侧是德国领事馆，它实际上是德租界的中心广场。

德国驻天津领事馆建于1911年，是典型日耳曼风格的二层楼房，红瓦白墙，侧面探出木制阳台。作为德国政府的代表，德国驻天津领事馆对租界行政机构和具管理

浦口道与解放南路交口的变迁

功能的侨民自治会行使决定权和监督权。1917年，德租界在第一次世界大战中被收回，改为特别第一区（简称特一区），原德租界工部局所辖事权均交由特一区公署接管。德租界虽在名义上被正式收回，但该区域内的德国色彩仍相当浓厚。1921年中德恢复邦交，战后一度由荷兰驻华机构代理的德国领事馆立即恢复原状，并于1922年派贝斯为第一任总领事，德国在津的经济实力较战前反而加强。德国驻天津领事馆原建筑早已不存。改革开放后，天津武警总队在其原址上建起了新的办公大楼。前些年河西区建设德式风情区，在解放南路与琼州道交口仿照原德国领事馆的样式建了一座楼房。

据记载，卢兰德铜像高约十米，头戴钢盔，身穿铁甲，手持宝剑和盾牌，武士派头，霸气十足。铜像坐南朝北，面向英、法租界。基座的纪念碑旁陈放一门废弃的大炮，外围用铁链穿矮石柱保护起来。卢兰德曾因征服法国有功而被德国皇帝封为边疆伯爵，后来在与西班牙作战中被击毙。这座铜像应为纪念卢兰德而建立。

卢兰德铜像俗称"大铜人"。小广场的西北侧，是曾任大总统的黎元洪的容安别墅。黎元洪写信时特别注明地址是"天津特别一区铜人旁"。

我在2006年出版的《消逝的天津风景》一书中曾经写道："从现存一些照片分析，铜像建立时间应在1906年以前。"后来有人查阅到德国档案馆的照片，时间标明是1905年6月17日。1918年，德国在第一次世界大战失败的消息传来，在津的英、法、美等各国商团用大绳将铜像拉倒。

泰隆路是"吃胡同"

天津是享誉中外的美食之城，拥有包括著名的南市食品街在内的数十条食品街。然而，若论近代以来资格最老、久负盛名的食品街，还要说是位于劝业场商业区的泰隆路。

泰隆路知名度不小，但却是一条不到 80 米长的小马路。它东起辽宁路，西至新华路，南、北两侧分别与滨江道、长春道平行。按照天津市区道路命名规律，泰隆路应叫"泰隆道"，"泰隆路"的称呼当是对历史习惯叫法的保留和延续。

泰隆路地区原本是一片平房，并没有马路。1930 年左右，有个外号"马鬼子"的外国人，出资把这片平房改建成两排相对的二层楼房，中间留了一条小马路，还开设了一家叫泰隆公司的洋行，专营房地产租赁业务，并以其行名将这条小马路称为泰隆路。1950 年，工商管理部门把附近滨江道、新华路和辽宁路上的 38 户干鲜果摊贩集中于泰隆路，形成一个有组织的个体经营的干鲜果市场。1958 年，调整合并商业网点，将泰隆路上其他行业和几户私人诊所的用房调换给食品市场。以原福林祥食品店为基础，吸收由个体转为国营的原泰隆路 38 户干鲜果摊贩，组成了泰隆路食品市场。"文革"期间，曾经一度将泰隆路市场改名为"革命路食品市场"。

泰隆路旧时的商业信息与今貌

　　至 20 世纪 80 年代后期，泰隆路食品市场有库房 11 个、营业室 5 处、生产加工车间 3 个、职工 158 人。福林祥门市部，包括糕点柜、糖果柜、南味门市部。泰隆路回民门市部，包括糕点柜、糖果柜、蜜饯柜、早晚服务部。此外，干鲜果和小食品主要在马路两侧摆摊设点。

　　泰隆路食品市场别名"吃胡同"。由于它坐落于劝业场、中原公司两大全国驰名的商场之间，大得地利，顾客如云，数十年间生意一直很好。主要经营糕点、糖果、蜜饯、烟酒、罐头、南味、干鲜果品、小食品和冷饮等。经营的专业性，也是这个市场长期吸引顾客的一个重要因素。近年来，随着市民消费结构和商家经营模式的改变，泰隆路已不再是传统意义上的食品街了，但这条路周围的餐饮店、小吃街一直非常火爆。

伏尔加路传友谊

在天津外国语大学（简称"天外"）河西区马场道校区的西南部，有一条以俄罗斯伏尔加河命名的伏尔加路。伏尔加路是天外校园里比较长的一条路，学校的风味餐厅就设在这里。

天津外国语大学
马场道校区

伏尔加河是欧洲最长的河流，位于俄罗斯的欧洲部分，源自莫斯科西北面的瓦尔代高地，向东流至喀山附近转向南流，到伏尔加格勒折向东南，后注入里海。伏尔加河全长 3530 公里，流域面积 136 万平方公里，约有 200 条支流。伏尔加格勒以下为下游，分出一条汊河——阿赫图巴河，与干流平行流到河口地区，然后分八十余条汊河注入里海，在河口形成俄罗斯最大的三角洲。伏尔加河干流通航里程 3256 公里，并有七十多条支流可通航，内河货运量占全俄三分之二，旅客运量占全俄一半以上。大型河港有特维尔、雷宾斯克、雅罗斯拉夫尔、高尔基、喀山、乌里扬诺夫斯克、古比雪夫、萨拉托夫、卡梅申、伏尔加格勒和阿斯特拉罕。伏尔加河通过运河组成了白海、波罗的海、黑海、亚速海和里海的五海通航，连接莫斯科运河通向莫斯科市。

天外不仅有伏尔加路，而且与伏尔加地区有实际交往。2011年，俄罗斯伏尔加格勒国立师范大学与中国天津外国语大学合办了孔子学院。这是伏尔加格勒州的第一所孔子学院。多年来，孔子学院在俄中教育、文化交流中作出了积极贡献。

伏尔加格勒是伏尔加格勒州首府，1925年前称察里津，1925年至1961年称斯大林格勒，1961年后改称伏尔加格勒。伏尔加格勒是五条铁路的交会处，河港南端是连接伏尔加河与顿河的运河之入口，为俄罗斯欧洲部分东南部交通枢纽，也是伏尔加河沿岸重要的工业中心。国内战争及第二次世界大战中，苏联人在这里都曾重创敌人，故有"英雄城市"之称。伏尔加格勒国立师范大学始建于1931年，原名工业师范学院。1949年，学院以苏联著名作家谢拉菲莫维奇命名。1992年，学院更名为伏尔加格勒国立师范大学。该校目前是俄罗斯南部及伏尔加格勒州权威的教育、文化中心。

在近代天津的俄租界，曾有一条伏尔加路。这条路建于1913年，1924年后更名十经路，即今河东区十经路。近代天津俄租界的伏尔加路，是沙俄侵华的产物；而今天天津外国语大学的伏尔加路，则是中俄友谊的象征。

"维园"来历误记多

如果您在网络上搜寻"天津维多利亚花园",便会发现,大约有一半相关结果显示,该园是 1887 年为庆祝英国维多利亚女王诞辰 50 周年而建。这一结论来源于天津历史专著、工具书、普及性读物,也包括一些新闻、文化、旅游、园林部门和单位的宣传文章。然而这些对天津维多利亚花园来历的介绍和宣传不够准确,正确的是将"诞辰"改为"即位",即该园是 1887 年为庆祝英国维多利亚女王即位 50 周年而建。

维多利亚女王出生于 1819 年,于 1837 年即位,直至 1901 年去世,在位时间长达 64 年。她在位期间,正值英国自由资本主义由方兴未艾发展到顶尖,进而过渡到垄断资本主义的转变时期,经济、文化空前繁荣,被称为"维多利亚时代"。这个时期,英国作为世界最为强盛的殖民帝国,被称为"日不落帝国"。对这样一个在世界近代史上举足轻重,尤其是关乎中国近代史和天津近代史发展的人物,在未弄清其基本生平的情况下便草率地介绍和宣传,并且以讹传讹,实在令人遗憾。

天津的维多利亚花园,也叫"维多利亚园""维多利亚公园",又名"英国花园",是天津英租界的第一座公园,它比与它同名的香港维多利亚公园早诞生了六十多年。维多利亚花园

解放北园（原维多利亚花园）

位于维多利亚道（英租界中街，今解放北路）。1886年以前，这里还是一个臭水坑。1887年，维多利亚女王即位50周年，英国借庆祝活动炫耀大英帝国作为世界头号强国的实力，在首都伦敦举行了盛大的庆典。天津英租界工部局也闻风而动，投资填垫水坑，修建了维多利亚花园，于1887年6月21日正式开放。

维多利亚花园在英国传统造园风格的基础上，吸收了中国园林自由式布局的手法，形成了半规则半自然式的组合，是典型的中西合璧式园林。整个花园占地1.23公顷，呈正方形，东、南、西三面临马路，北面与随后建成的英租界工部局大楼戈登堂融为一体。该园居于英租界的政治中心，成为外国冒险家和淘金者休憩和交游的乐园。

太平洋战争爆发后的1942年，维多利亚花园南侧的咪哆士道（今泰安道）改名为"南楼街"，该园也随之改名为"南楼公园"。1945年抗日战争胜利后，一度改名为"中正公园"。天津解放后，该园先是改为"解放公园"，后来定名为"解放北园"。

几度兴衰小南园

　　坐落在河西区解放南路与杭州道交口的解放南园，附近居民喜欢称其为"南园"或"小南园"。因建于德租界时期，旧称"德国花园"

解放南园今貌

或"德租界公园"。第一次世界大战结束后，因其北面是特一区公署，改称"特一区公园"。后来又设立了警察机构，所以俗称"大局子花园"。天津解放后，改称"解放南园"，与坐落在解放北路与泰安道交口的解放北园相对应。

　　19世纪末，该园原址与北面的北洋西学堂校址是连在一起的。1900年前后，德国花园建成。此后公园几度兴衰，一墙之隔的学校也经历了从德华中学到海河中学的几度变迁；不变的是，一百多年来公园与学校一直为邻，在公园里总能听到从课堂传来的琅琅读书声。

　　德国花园初建时，面积大于现在的解放南园，有一条小路通到海河边。园中除亭阁花木外，还设有儿童游乐场和兽栏。特一区时期，1920年曾在公园暂设过中国红十字会的妇孺救济机构，1931年青年会曾在此举办过万国长途赛跑运动员摄影留念活动。1939年天津发大水，这里地势低洼，全被洪水淹没，园里曾经行船。1976年大地震，公园附近居民房屋倒塌较多，这座小公园里搭满了防震棚，损失了不少花木，园中雕塑也被毁坏了。

改革开放后，解放南园经过几次整修，变得幽美宁静而又生气勃勃。1982年10月，公园修复后重新向市民开放。园内新栽植了十多种花木，共一千多株。原有的围墙、半壁廊、花展室和山石喷泉等设施得到修复。重新安装了园灯、座椅，并设置了荡船、秋千、转亭、滑梯、压板等儿童游乐设施。还在公园的西南部新堆了一座假山，在山上新建了一组新颖别致的亭廊。2008年，作为解放南路德式风情区重要景观的解放南园，再次完成升级改造工程。这座具有欧式风格的开放式园林与周围德式风貌建筑相融合，为市民营造了独具特色的休闲空间。在公园的设计施工中，园林部门坚持历史文脉传承与时代特征相融合的理念，结合解放南路德式风情区的整体环境，彰显出该园欧洲新古典主义园林风格。此外，还特别完善了照明装置，在保证该园夜间使用功能的同时，也使其成为一处独具特色的园林夜色景观。

抚今追昔

文庙的万仞宫墙

万仞宫墙，是天津文庙南边的围墙，与庙外的"道冠古今"和"德配天地"两座过街牌楼共同构成了文庙的外部景观。文庙地处城厢要道，庙外车水马龙，庄严整肃的万仞宫墙有效地阻隔了外界的喧嚣，同时也给文庙增添了一分神秘感。

万仞宫墙之"仞"字，是古代的计量单位，周制八尺为一仞，万仞即有很高的意思。万仞宫墙一词最早出自《论语·子张》，当有人说子贡的学识才能高于孔子时，子贡说："人的学识好比宫墙，我这道墙高度只在肩头，很轻易被人看到墙的另一侧；而老师这道墙却有数仞之高，如果不能从门进入，是不能看到内部的美好景象的。"高大宏伟的万仞宫墙，象征着孔子德行的高远，以及儒学的博大精深。在传统文人心目中，"依附万仞宫墙，有孟母择邻之雅"。

万仞宫墙原名仰圣门，位于曲阜城的南城墙。曲阜孔庙利用南城墙作为建筑群的一部

天津文庙府庙的万仞宫墙

分。明代学者胡瓒宗认为"数仞"的程度仍不够表达孔子的学识高深，故书写"万仞宫墙"并镌刻在南城门上。到了清代，乾隆皇帝南巡至曲阜，为表达尊孔崇儒之意，御笔重题了"万仞宫墙"。地方文庙以南围墙作为万仞宫墙，围墙中间位置多镌刻"万仞宫墙"四字，如四川德阳文庙即是。

天津文庙"万仞宫墙"建于清康熙十二年（1673），为青砖青筒瓦。据《天津县新志·修文庙记》记载："康熙十二年二月，砌砖花墙二道直抵街市，立影壁、建戟门以为至圣陟降左右之路。"清代曾多次予以加固、加高。天津曾经有三座影壁最为有名，分别是直隶督署、李纯祠堂的影壁和文庙的万仞宫墙。天津文庙因数百年来无"正门"，出入通过东西侧的"礼门""义路"，本该在"正门"位置的万仞宫墙得以完整地保存。

20世纪末，天津文庙在万仞宫墙的中间新开了"正门"，便出现了东、西两侧府庙与县庙两种不同的建制。细心的参观者可以看到，正门两侧的围墙形似却有差异：东侧府庙的围墙为庑殿顶，而西侧县庙的围墙则为硬山顶。庑殿顶在中国古代各屋顶样式中等级是最高的，明、清时期只有皇家和孔子殿堂才可使用；而硬山顶则是中国传统建筑结构中常见的一种形式，等级较低。天津文庙正门两侧的宫墙体量不同，顶部也有明显差异，体现了府、县两庙级别的不同。

文庙犹存西箭道

天津老街巷中，有不少以"箭道"为名的。仅老城内东北区域，就有文学东箭道、文学西箭道、道署东箭道、道署西箭道、龙亭东箭道、

"义路"牌坊外即是文庙西箭道

龙亭西箭道等。南京、济南等历史文化名城，也有类似的地名。

箭道，一般辞典解释为"旧时官府所设练习射箭的场所"，并举唐代元稹《酬窦校书二十韵》中"令夸齐箭道，力斗抹弓弦。"为例句。兰州现有一条箭道巷，据说在清代乾隆时期就是陕甘总督署东边的箭道，当时是个长方形的操场，可容数百人操练。然而，我们在天津所见的"箭道"，不过是衙署或重要建筑群旁边的街巷，看不出它们与"练习射箭"有何关系。尤其像文学东箭道和文学西箭道，是文庙旁边的胡同，属于重教兴文之地，似乎更跟"射箭"搭不上界了。我的理解是，位于古代衙署或重要建筑群旁边的街巷，因有骑马射箭的卫士巡逻，所以

称之为"箭道"。箭道虽然不是军事禁区，百姓亦可通行，但也确有森严壁垒、警卫重重之意。至少天津的箭道，可以这样理解。此外，因古代重要的建筑群大都坐北朝南，所以箭道大多设在建筑群的东、西两侧。

过去天津文庙没有"正门"，其南侧只是一道封闭的万仞宫墙。天津文庙原来为何没有"正门"？由于没有明确的历史记载，多少年来人们提出过各种各样的猜测。听到最多的解释是，因为天津历史上没有出过状元，所以天津文庙就没开正门。但这也成为天津文庙建筑的一个特色。我存有一张 1989 年的天津文庙参观券，上面印的地址是"南开区东门内大街文学东箭道"，可见直到那时出入文庙还是一般走东门。直到前些年天津文庙大修时，才在南侧宫墙中间新开了一个古典风格的大门，作为"正门"接待来宾和游客。

天津老城厢改造后，文庙东墙外与东马路之间修整成为一块绿地，文学东箭道不复存在。但在文庙西墙外，与新建的儒园公寓和壹街区静德花园之间，依然保持着一条如胡同宽窄的通道。站在鼓楼东街"道冠古今"牌楼下，沿着文庙西墙北望，可以看到文庙西侧的"义路"牌楼，还有文庙博物馆工作人员出入的大门。这条通道可算是天津老城厢保留的唯一一条"箭道"，如果在文庙西墙南端钉上一个小小的"文学西箭道"路牌，该是多么令人回味啊。

文庙牌楼险被拆

府县并列、庙学合一、牌楼荟萃，是天津文庙建筑的三大特色。天津文庙内外的牌楼，共有七座。其中最引人注目的两座过街牌楼，坐落在南侧宫墙外的东门里大街东口。东侧牌楼额题"德配天地"，西侧牌楼额题"道冠古今"，皆由天津近代著名书法家、诗人华世奎书写，用以褒扬孔子的道德和思想，并且标志文庙坐落的地方是津城的文化教育中心。由于天津文庙原来没有"正门"，所以文庙的过街牌楼还有一种类似于"下马碑"的特殊的提示作用。这两座过街牌楼建于明代万历二十九年（1601）前后，为二柱三楼式，两根木柱的上方，以龙门枋和

天津文庙前"德配天地"牌坊今貌

小额枋连贯，枋间正中立匾额，两侧置透雕花板。柱头上穿置九踩斗栱，各承边楼一个。龙门枋上立高栱柱四根，柱顶各置斗栱一攒，承正楼一个。三个檐楼均为四阿庑殿顶，檐牙参差，巍峨壮观，是天津古代牌楼的代表作，为京津地区仅见。

清末，延续千年的科举制度被废除，文庙失去了相应的功能，面临生存危机，天津文庙的两座过街牌楼首当其冲。民国时期，屡屡有人以建筑破旧、妨碍交通等为理由，提出拆除这两座过街牌楼。但是经过有识之士和广大市民的不懈努力，这两座早已成为天津文化地标的牌楼终于被留存下来。

1933 年 10 月，天津市工务局局长陶景潜以妨碍交通、影响市容为名，下令拆除全市所有道路上的过街牌楼，共计 19 处，主要集中在南市地区和老城厢内外，其中也包括文庙的过街牌楼。天津市民闻讯后，纷纷向当局反映，要求保留文庙前的过街牌楼，"以重圣迹而存国粹"。在民众和舆论的压力下，市政府不得不将文庙牌楼从拆除名单中撤下。市政府在给市工务局的批示中说："唯文庙祀典，曾经内政部保留有案。圣迹古刻，似宜予以酌存，以重国粹。文庙前'德配天地'牌坊，雕刻玲珑，建筑古雅，木材亦甚坚固，非今艺匠所成……"

1934 年农历 8 月 27 日上午，天津各界举行隆重的祀孔大典，为此全市放假一天，文庙殿堂装饰一新，"'德配天地'牌坊亦重绘颜色，鲜丽夺目"。至此，文庙过街牌楼不仅躲过一劫，没有被拆除，还得到了修缮。

英法联军占文庙

在第二次鸦片战争中，英法联军于 1860 年 8 月 24 日占领了天津。在英法联军占领天津期间，担任英军医官的大卫·伦尼一直坚持写日记，他的部分日记被收录于刘海岩、任吉东主编的《近代外国人记述的天津》（天津人民出版社 2018 年 4 月出版）中。坐落于天津城东门内的文庙，是当时天津等级最高的官式建筑，是天津府、县两级文化教育中心，竟也被英法联军野蛮侵占，这在大卫·伦尼的日记中有所反映。

据大卫·伦尼记述，英法联军中的英国军队在天津的分布情况是：皇家炮兵团驻扎在离城中心很近的镇署衙门的一排房子里；第三十一团的团部就设在其旁边街上几所单独的房子里，而该团的其他人则驻在南门里不远处一座叫作"水月庵"（Temple of the Moon）的神庙里；第六十步兵团驻

天津文庙府庙大成殿今貌

扎在贡院和东门里的一些房子里；第六十七步兵团和费恩骑兵团则分驻在北门外和东门外地区，前者占据了大运河沿岸的几所房子，后者则驻在一座庙宇及附近的一条街上，两者都在东门与河岸之间的地区；英军辎重队（指运输军械、粮草、被服等物资的后勤部队）则驻扎在文庙。

在1861年2月19日的日记中，大卫·伦尼记述了驻扎在文庙的英军辎重队被盗的情况："最近驻在文庙的辎重队营房发生了几起偷窃案，文庙似乎为那些神偷做案提供了特有的方便条件。昨天夜里，布鲁斯中尉几乎所有的个人财物都被偷走了，其中包括克里米亚奖章和荣誉勋章。这是整个冬天辎重队军官营房发生的第八起偷窃案……"英国军官把当场抓到的中国"小偷儿"交给清政府处置。后来这些英国军官终于发现，"中国人从（房间）外面挖了个洞，通到烟囱里，只要知道屋里没有人，他们就把手伸下来，拿走值得拿的燃料"。对此，"中国的知县正竭力找出犯下这些盗案的窃贼……现在，他已派出衙役四处打探。这一类衙役中文称'马快'"。

大卫·伦尼同时记述说，由于要举行科举考试，考生通过考试之后，必须前往文庙祭拜，所以清政府提出英国军队应该把文庙"让"出来。但是英国军队不同意，理由是"要为辎重队的军官、士兵和马匹寻找和安置一处新的营房，既困难花销又大"。直到1862年春，英国军队才撤离天津，但此时英国已在天津设立了租界。

蓟州也有"成贤街"

游蓟州城,从渔阳北路拐向文安街的时候,突然就有了在北京城里从雍和宫大街拐向国子监街的感觉。北京的国子监街,亦名"成贤街",因孔庙和国子监在此而得名,街口立有牌楼;蓟州的文安街,民国时期也曾立有"德配天地""道冠古今"两道过街牌楼,现在是看不到了,但是街上的文庙还在。

蓟州山川灵秀,人文荟萃,有五代时"教五子,名俱扬"的窦燕山,有"半部《论语》治天下"的宋代第一宰相赵普。在明、清《蓟州志》中,列入进士、举人、贡生、监生名录的达785人。在当今天津市范围内,最早建有文庙的地方就是蓟州,早年以"宣圣庙"称之。金代天会年间(1123—1137)有过一次"崇修庙貌"的扩建。正隆元年(1156)又加修葺,刻碑《渔阳重修宣圣庙学记》,现仍立在庙内。根据碑文记录庙内古槐数株,并观基址,推测始自唐代。元世祖忽必烈至元二年(1265),知州张滋重修,"以树教本"。元成宗孛儿只斤·铁穆耳一道关于"曲阜林庙,上都、大都诸路府州县邑庙学、书院"的诏令,"自是天下郡邑庙学,无不完葺,释奠悉如旧仪"。大德十一年(1307),蓟州在文庙立了《加至圣位号制碑》。至顺四年(1333),蓟州文庙又经重修。该文庙在明代屡修屡建,至

蓟州区文安街上的蓟州文庙棂星门

明末毁于兵火。清代亦屡修屡建，根据大成殿前几株油松的树龄，可知在乾隆时期蓟州文庙已基本形成现在的规模。进入大成门西侧有一口古井，乾隆皇帝赐名为"砚水湖"。相传学子应考之前若用此井水研墨，便能笔下生花，获得好运。

民国时期，蓟州文庙改为蓟县师范女校。中华人民共和国成立后，这里变为蓟县第一小学，蓟州著名诗人金学钧便曾在大成殿改成的教室里听课。2007 年，经过整修的蓟州文庙正式开放。它与市区保存完整、规模最大的古建筑群天津文庙一样，都得到很好的保护和有效的利用，展示着中华传统文化的精华，弘扬着古人的崇文精神。

文安街上，文庙棂星门东侧，是蓟州第一小学的校门；棂星门对面，街边开着一家小书店，这里应该是文庙照壁原来的位置。文安街距独乐寺、渔阳鼓楼、鲁班庙都很近，为名胜古迹所环绕，老旧的街道上散发着古典的魅力、书卷的气息，所以令人联想到了北京的成贤街。

本是钟楼号鼓楼

明代永乐二年（1404），天津设卫筑城。弘治六年（1493），兵备副使刘福以砖砌城，并于城中十字街处建造鼓楼。楼高三层，楼基是砖砌方形城墩台，楼体设有拱形四通门洞，对应四座城门。城台上建有木质双层歇山青瓦顶式楼阁，是登高眺远的绝佳所在。楼上悬唐宋制铁钟一口，早晚共敲 108 响，用以报时。清代诗人梅宝璐（字小树）撰有一副著名的对联："高敞快登临，看七十二沽往来帆影；繁华谁唤醒，听一百八杵早晚钟声。"鼓楼每天早晚发出钟声，城中百姓依此起居。

天津鼓楼，名为鼓楼，实为钟楼。清代诗人周楚良作过一首《竹枝词》："本是钟楼号鼓楼，晨昏两度代更筹，声敲一百单零八，迟速锅腰有准头。"前文提到的鼓楼上挂着的那副梅宝璐的对联，也明确说是钟声。

北京、南京、西安、开封、曲阜及天津蓟州等地，历史上都分别建有钟楼和鼓楼。在刘心武所著长篇小说《钟鼓楼》的开头，有这样几句描写："请记住，在北京城中轴线的最北端，屹立着古老的钟鼓楼。鼓楼在前，红墙黄瓦。钟楼在后，灰墙绿瓦。鼓楼胖，钟楼瘦。尽管它们现在已经不再鸣响晨钟暮鼓了，但当它们映入有心人的眼中时，依旧巍然地意味着悠悠流逝的时间。"还有一些地方建制简单，便将钟楼与鼓楼合二为一，称"钟鼓楼"，俗称"鼓楼"。天津老城应属于后一种情况，虽然因钟的报时音响效果比鼓好而选择了钟，但还是从众从俗叫了"鼓楼"。近代以来，随着外国租界的开辟，上海有了海关大钟，天津建了"四面钟"，钟皆为洋钟，钟楼皆为洋楼，为避免产生误会，就更不必把中国古典式建筑的鼓楼改叫"钟楼"了。还有人将鼓楼写作"古楼"，与鼓楼无鼓不无关系。

天津鼓楼今貌

　　21世纪初，天津鼓楼重建竣工，旅美华人王桐发先生捐赠了一口铜钟。此钟悬挂在鼓楼五层，钟高2米，重3.2吨，钟上铭文由天津著名作家冯骥才和民俗专家张仲撰写。钟身阳铸浮雕，钮部为交尾双螭，铭文题写在钟体中部的矩形框中，金字魏碑，光彩耀眼。框外装饰为云龙折枝的环形连续图案。钟口的八翼翅上，分别铸饰八卦图形。铜钟的图案与造型，取吉祥、避邪之意。铜钟是鼓楼的核心，游客在敲击铜钟时，有专门的票券供使用和留念。

自古繁盛鼓楼北

　　鼓楼北街，旧称北门里大街。但是天津老城厢改造后的鼓楼北街，仅指自鼓楼广场至北城街仿古牌楼这一段；而再往北至北马路的一小段旧北门里大街，现在已属于城厢中路了。

　　天津北望京师，所以旧时城的北门名为"拱北"。北门才是天津城的正门，与中国绝大多数古城的正门相反。过去天津老城厢有"北门富，东门贵，南门贫，西门贱"之说，北门里之"富"主要体现在自古商业比较发达，近代以来金银首饰业尤盛。大街两侧除了一些衙门和大户人家的住宅外，多有著名的金店，如三义金店、三阳金店、天成金店、正阳金店、天兴德金

鼓楼北街的古玩大集

店、同福金店等。大大小小的金银首饰店集聚于此，形成金店一条街。金店的业务经营范围，主要是黄金、白银，以及用黄金、白银制作的各种首饰、装饰品、器皿和珠宝翠钻的镶嵌。由国庆先生收藏有一张三阳金店的广告故纸，上面画着两白一黑三只羊，或跪或立，与红日相伴，表示"三阳开泰"，象征事业盛达。三阳金店的广告纸上还印着，这家金店主营"金银首饰、中西器皿、珠宝头面"等。

1948 年底，北门里金店被国民党政府以投机倒把、扰乱金融的罪名，予以全行业取缔。至此，具有悠久历史的金店一条街从北门里消失了。自天津解放初至公私合营，北门里大街开设有数十家书店、画店，如庆祥书店、富华画庄、协昌画庄、万盛画庄、德丰号、同义成、同合画庄、宝丰画庄等，形成了一条文化街。我太太的祖父王文彬先生 1950 年开设的万兴画庄，就在北门里大街 147 号，主要经营年画，1956 年转为公私合营。这些书店、画店，多被记录在《津门书肆记》中。

天津老城厢改造后，鼓楼北街被打造成古玩艺术品一条街。刘炳森、范润华、刘皓等已故书画家的画廊，曾经开设在东侧二楼。北口开有天津市新华书店的门市部，是鼓楼地区最大的书店。街心常设一些小摊位，主要经营各种民间工艺品。西侧有一家王学仲先生题匾的东艺斋，以经营扇子和文房四宝出名，其主人李安东先生多年致力于收藏成扇、扇面和扇骨，他的扇子藏品在津门首屈一指。

暇赏皮黄鼓楼南

鼓楼南街,旧称南门里大街。但是天津老城厢改造后的鼓楼南街,仅指自鼓楼广场往南至南城街仿古牌楼这一段;而再往南至南马路的一小段旧南门里大街,现在已属于城厢中路了。过去天津老城厢有"北门富,东门贵,南门贫,西门贱"之说,南门里一带的房屋建筑格局和市井繁华程度,确实无法与北门里和东门里相比,但话也不能说得太绝对,天津老城厢地区唯一的全国重点文物保护单位、富丽堂皇的广东会馆就坐落在鼓楼南街。

鼓楼南街的广东会馆
（天津戏剧博物馆）

20世纪90年代初，那时鼓楼还未复建，我曾到古籍书店的南门里大库看过两次旧书。因附近都是灰旧而密匝的平房，所以这座仓库显得格外高敞。记得其中一次遇到了《天津书讯》编辑、青年学者倪斯霆兄，管理员把我们锁在库房里看了整整一个下午书。这座仓库主要贮存民国时期出版的各种杂志，以及"万有文库"等丛书，每一套书刊里都夹有"文革"后期至改革开放初期书店业务人员写的纸卡，上面标有书目及售价。老城厢、旧书库黄昏的时光，给我留下深刻的印象。

2009年前后，鼓楼南街被开辟为旧书市场，每周六、周日上午开放。街道中间设有两排铁柜，柜子内外摆满了书。由于地理位置优越，加之货源充足、物美价廉，这里很快便成为淘书者的乐园，经常可以看到从北京和其他地方来的书友。我当然也是鼓楼旧书市场的常客，常常是逛完这里再去古文化街。但是大概不到一年的时间，这个书市就被关闭了。

现在我到鼓楼南街，除了有时在靠近南端的一两家餐馆与亲朋好友聚会聊天外，最常去的就是天津戏剧博物馆，即过去的广东会馆。清光绪二十九年（1903），时任天津海关道的粤籍人士唐绍仪，倡议各界在津同乡捐资筹建广东会馆，购置原盐运使署旧址土地23亩。光绪三十三年（1907），广东会馆正式建成。主体建筑中，南部的四合院，供商谈集会使用；北部的戏楼，则是登台献艺的绝佳场所。著名京剧表演艺术家梅兰芳、杨小楼、孙菊仙、谭富英、尚小云等，都曾在此戏楼演出。1985年年底，在广东会馆原址基础上成立天津戏剧博物馆，并于次年元旦正式对外开放。多年来，天津戏剧博物馆一直坚持与京剧院团合作，在周六、周日下午为市民和游客演出。眼观这座古朴典雅的建筑，耳闻戏楼里高亢悠扬的皮黄声腔，中外宾客无不真切地感受到天津文化的厚重与精致。

鼓楼前门朝哪边

　　2019 年 12 月 31 日晚，2020 年天津鼓楼钟声零点跨年联欢活动在天津鼓楼东门广场上演，活动包含 3D 全息投影灯光秀、文艺演出、跨年敲钟等环节。很多媒体都将活动地点鼓楼东门广场报道为"鼓楼前广场"。那么，天津鼓楼的东门究竟是不是它的前门（正门）呢？

　　从理论上说，天津鼓楼的正门应该是北门。这是因为明清时期天津城的正门是北门。天津北望京师，所以旧时天津城的

2024 年春节鼓楼灯会

北门名为"拱北",作为天津城的正门,这与中国绝大多数古城正门的方向恰好相反。明代"天津八景"中,第一景就是"拱北遥岑",可见北门地位之首要。其实,除了政治上的原因外,自然环境、交通和经济等方面的因素,也决定天津城的正门在南与北两个方位之间只能选择北面。天津城北门外至南运河之间狭长的地带,密布着针市街、估衣街、竹竿巷等明清时期天津最繁华的商业街市。天津老城厢有"北门富,东门贵,南门贫,西门贱"之说,北门里之"富"亦主要体现在自古商业比较发达。再看南门,南门里就有几处大水坑,居民不多,商业萧条,而南门外更是一望无际的大片沼泽地,人烟稀少,交通不便,所以说仅凭南门之"贫"就很不适合做天津城的正门。

　　旧时天津百姓都知道:"天津卫,三宗宝:鼓楼、炮台、铃铛阁。"鼓楼是天津卫"三宗宝"的头一宗,它无可争辩地成为天津城的标志。居于天津城中心的鼓楼,历史上曾经两建两拆。明代永乐二年(1404)天津设卫筑城,到弘治年间(1493年前后),天津兵备副使刘福将原来的土城固以砖石,并于城中心十字街处建鼓楼。楼高三层,砖城木楼。楼基是砖砌的方形城墩台,四面设拱形穿心门洞,分别与东西南北四个城门相对应。鼓楼城台建有木结构重层歇山顶楼阁,上层内悬一口大钟用以报时。1900年,八国联军入侵,第二年天津城墙被迫拆除。由于遭兵燹之灾,鼓楼日渐颓圮。1921年鼓楼重建,用旧城四座门楼之名,由天津书法名家华世奎重书,镌于鼓楼四门,即"镇东""安西""定南""拱北"。1952年,因贯通道路,鼓楼被拆除。2001年,在老城厢地区大规模改造工程中,天津鼓楼得以重建。新鼓楼按明清木式建筑，比原鼓楼体量加大，增加须弥基座，绿琉璃卷边，汉白玉栏杆，脊上飞檐走兽，显得气势恢宏。

现作为博物馆的天津鼓楼，多年来一般由东门出入。这主要是从方便游客考虑，因为很多游客习惯往来于鼓楼商业区与位于其东边的古文化街。因此，天津鼓楼的东门实际上也就成为它的前门了。

天后宫年货市场

　　天津人喜欢过大年，也注重买年货，这有"聘不尽的闺女，办不完的年货"的民谚为证。数百年来，天津有过很多年货市场，其中以天后宫年货市场最为著名和悠久。

　　始建于元代的天后宫，以及相邻的宫前街、宫南大街、宫北大街等街巷，地近三岔河口，交通便利，商贸频繁，居民密集，人文丰富，被誉为津门故里，是天津传统的民俗文化和民间娱乐中心。早在明代弘治六年（1493），这里便设有宫前集，春节期间尤为繁盛。清末民国时期，天后宫一带一直保持着固

古文化街年货大集

定的年货市场。清代光绪年间出版的《津门杂记》对此处年货市场有这样的描述："东门外，宫南、宫北，及估衣街一带，万商云集，百货罗陈……每当腊月初间，店铺门前隙地，均贴有红签，上写'年年在此'四字，为卖年货者占先地步……所谓年货，即香蜡、纸锞、鞭炮、门钱、岁朝清供各品。"除此之外，还有天津男女老少喜爱的年画、春联、窗花、绒花、空竹、陀螺、泥人、灯笼等。有了它们，整个天津卫便能把年过得热热闹闹。

天津解放后，天后宫年货市场依旧年年开办，所售年画、对联、窗花等增加了抗美援朝、社会主义教育运动等时代内容。1965 年春节期间，除百货大楼年货市场之外，全市又开办了七个年货市场，分别为设在和平区的南市、河东区的新市场、河北区的王串场富强道、红桥区的大伙巷、南开区的富辛庄、河西区的谦德庄和塘沽区的解放市场。参加经营的单位以国营、公私合营商业为主，并吸收一部分手工业社、合作商店等单位临时入场经营。也是在这一年，本着"移风易俗""兴无灭资"的精神，市有关部门决定，天后宫年货市场不再举办。

20 世纪 70 年代末，停办十余年的天后宫年货市场逐渐恢复。1986 年元旦，包括天后宫及宫前广场、宫南大街、宫北大街在内的天津古文化街正式开业，成为兼具居住、商贸、旅游、民俗文化展示和教育等多重功能的街区，被明确定位要具有"中国味、天津味、古味和文化味"。以年俗文化艺术品为主的年货市场得以正式恢复，迄今已经坚持三十多年。年货中，那红红的吊钱、红红的宫灯、红红的绒花和红红的中国节，总是预示着一个红红火火、和和美美的好年景。

娃子胡同证民俗

古文化街地区改造前，袜子胡同东起海河边的张自忠路，西至靠近天津旧城东门的天齐庙大街，长四百余米，传说因胡同弯曲形似袜子而得名。但我一直认为，"娃子胡同"才是这条胡同的本名，"袜子胡同"只是其俗称。2012年，天津市妈祖文化促进会与《今晚报》副刊部联合

袜子胡同今貌

举办"妈祖文化与天津"征文活动，笔者曾撰文指出，"娃子胡同"的名称比"袜子胡同"更为雅驯，更具有历史情怀，也更能体现妈祖文化特色，得到民俗专家吴裕成、由国庆先生的认同。

至迟到清末，还有"娃子胡同"的叫法。清末《点石斋画报》中有一幅知名画家何明甫所绘《流水无情》，报道的就是当时发生在"娃子胡同"的一件新闻。其说明文字起始便写道："天津东门外娃子胡同有富室王姓居焉……"袜子胡同拆迁前，我曾到住在那里的著名诗人王焕墉先生府上拜访，看到王先生所居老宅高舍，庭院深深，陈旧而不失俨然，遂联想到"娃子胡

同有富室王姓居焉"的记载。

"娃子胡同"有其名，更有其实。天后宫大殿中供有"子孙娘娘"，旧时传说，婚后希望早日得到子嗣或多年没有子嗣的妇女，只要虔诚祈求，准能应验，因此香火极盛。求子的妇女留下香资后，从娘娘神像前偷偷抱走一个泥娃娃，民间称为"拴娃娃"。泥娃娃被带回家后，要仔细地供奉起来。泥娃娃每年也要长岁，要到洗娃娃铺去"洗娃娃"，即加上一些泥土重塑一个稍大些的娃娃。袜子胡同紧邻天后宫，近水楼台，当年设有很多"洗娃娃"的店铺，生意很好。既然天后宫正门对着的街道叫"宫前街"，往北叫"宫北大街"，往南叫"宫南大街"，那么距离天后宫最近且与其西便门相通的胡同，因其"拴娃娃"的风俗、"洗娃娃"的产业而叫"娃子胡同"，也是非常合情合理的。

旧时，袜子胡同不仅店铺云集、人文荟萃，还因它是天后宫与天津旧城之间最便捷的通道，而成为"皇会"的"会道"。每年为庆贺天后娘娘诞辰而举办的皇会，随娘娘出巡的各路花会的大队人马都需经由该胡同到东门，穿城厢，出西门，至千福寺"驻跸"。届时，胡同里的各商家争先在门前搭席棚、设看台、摆香案、备果品，以此"截会"，让各路花会停在自家门前耍上一通，求得来年财源旺盛。

古文化街地区改造后，天后宫周围街市变化巨大，袜子胡同不复存在。但有关部门还是保留了"袜子胡同"这个名称，将它"安排"在天后宫北侧一条比较繁华的街巷里，并且挂牌提示来往游客，它是天津最古老、最著名的胡同之一，与天后宫和妈祖文化有着不解之缘。

李公祠空余路牌

　　河北区子牙河畔，在著名的永乐桥天津之眼摩天轮、大悲院和天津美术学院之间，以前曾经有一座与它们同样著名的李公祠。

　　天津李公祠是 1905 年时任直隶总督的袁世凯为已故直隶总督李鸿章建立的祠堂，全称为"李文忠公天津专祠"。李鸿章 1870 年继曾国藩任直隶总督兼北洋大臣后，坐镇天津长达二十多年。主政天津的李鸿章，身兼直隶总督、北洋大臣、太子太傅、大学士等显赫职衔，不仅是排在第一位的封疆大吏，更是清朝中央政府在政治、外交、军事、实业等重要领域的核心人物。他在天津着力推行"洋务"，使天津成为近代洋务运动的中心城市，为天津城市发展打下了良好的基础。因此，李鸿章

李公祠旧影
与李公祠大街今貌

1901 年去世后，在天津为他建立专祠，而且其规模在当时各地为他建立的十余处专祠中堪称最大，有着特殊的意义。

坐落在窑洼地区的李公祠，占地两万余平方米，规模宏大，布局规整，建筑华美。正门左右各有石狮，对面有大影壁墙一面。前院是红柱绿瓦的游廊。院内各有东西配房及厢房。北面两侧为腰房，中间有过厅通往后院。后院首先是琉璃瓦六角亭，过亭即是面阔九间的享堂。后院东西两侧亦各有厢房。再往后则为花园，园中引入河水，亭池水榭，风光旖旎。

李公祠曾向公众开放，改为游园，设有茶座，成为集会聚议之所。1906 年，天津知识界在此举行有关立宪的专题讲演。1910 年，天津学界首次联合音乐会在此公演。1912 年后，统一党直隶支部、同盟会燕支部、自由党直隶支部、民主党直隶支部在此召开成立大会。张继、雷鸣远、于右任、孙洪伊、陈翼龙、吴稚晖，以及孙中山的特派代表王法勤、潘智远等中外名士，纷纷登台演讲。李公祠一度成为重要的政治舞台。

天津沦陷后，李公祠被日伪占用，河水被截断。抗战胜利后，李公祠改为小学、中学。天津解放后，因学校扩建，逐渐将原建筑拆毁，改建新楼。祠中六角亭移至北宁公园，一部分石碑移至天津市历史博物馆，一部分被埋在地下。2004 年，李公祠遗址附近的建设工地相继出土了十余件石刻，其中包括袁世凯为李鸿章撰刻的功德碑，以及光绪皇帝和慈禧太后准予修建天津李公祠的汉白玉圣谕碑。如今李公祠原址早已被现代商城所取代，仅仅留下李公祠大街和李公祠东箭道两个路牌，让路人不禁发出世事沧桑的感慨。

李叔同出身名门

中国近代享有盛誉的文化大师、名扬中外的佛学大师李叔同，出生于近代天津名门富贵之家。其祖辈主要经营盐业及银钱业。其父李世珍（筱楼），同治四年（1865）中进士，授知县，官至吏部主事。李家在粮店后街的大宅院，门前挂有"进士第"，过道悬有"文元"匾。李世珍后来辞官经商，开办了桐达钱铺等，故有"桐达李家"之称。他创立备济社，尽心抚恤贫孤寡，还开办义学、种牛痘，被称为"粮店后街李善人"。李家与天津各大家族多为姻亲或世交。

光绪三十三年（1907），天津商务总会开列了一份全市50名富绅姓名及住址清单，其中就有李叔同家。此外还有著名的鼓楼东姚家、乡祠卞家、东门内华家、振德黄家、益德王家等，以及林墨青、严范孙诸名士。在近代档案、报纸上，亦多次出现李叔同及其兄李文熙（桐冈）参与社会公益、教育事业的记载，皆在名人之列。

李叔同自幼拜名师、交名流，他本人在天津的社会知名度是很高的。光绪三十一年（1905），李母逝世，李叔同扶枢从上海回到天津，于7月29日为母亲举办了简单的新式丧仪，在天津首倡丧礼改革，颇受舆论关注。虽然李叔同是一位只有25岁

天津市美术中学（李叔同曾经执教的直隶高等工艺学堂旧址）校史展厅

的青年人，但社会各界名流纷纷参加其母丧仪，以示友好与慰藉。据《大公报》报道，参加李母追悼会的多达四百余人，"有奥工部官阿君、医官克君，高等工业学堂顾问官藤井君、松长君、单味仁司马，学务处总办严范孙君，高等工业学堂监督赵幼梅君。又各学堂校长、教员等大半皆与斯会，可云胜矣"。"奥工部"，即李叔同家宅所在的奥匈帝国租界行政机构，"阿君"当即首长或其代表。严修（范孙）、赵元礼（幼梅）则是天津文化界、教育界的领袖人物。由此可见李叔同交际范围之广、师友档次之高。

　　近年有人在参观天津李叔同故居纪念馆后，认为李叔同家比较寒酸，不像大户人家。这固然是对故居纪念馆在复原陈列方面的工作提出新的要求，但却不能据此看轻李家在近代天津的重要地位。李叔同家族是天津名副其实的名门望族，而李叔同本人是出生在天津而走向世界的一位历史名人，被报界誉为"新世界之杰士"，这又是天津其他著名家族的子弟所望尘莫及的。

李叔同的出生地

2008 年建成的李叔同故居纪念馆，坐落于河北区海河东路与滨海道交口，它是对距此不远处的原粮店后街 60 号李叔同故居的复原。但是 140 年前李叔同并不是在粮店后街居所出生的，而是在同样距此不远处的原地藏庵陆家竖胡同 2 号出生的。

在发现并确认李叔同出生地的过程中，天津著名文史学者、民俗专家张仲先生起到了

河北区地纬路上的李叔同
——弘一法师雕像

关键性作用。为了弄清此事，张仲自 1957 年起多次到地藏庵一带调查这座小庙的历史沿革、具体位置和李叔同出生地的确切地点。在地藏庵西北侧，他访得"毛五爷买的李善人的房子"。他认为，在弘一法师俗家后人风流云散情况下，其他途径均难以求证，唯有找到毛五爷所购房屋，始可觅得李叔同最初的家。这一带所说的"李善人"，即指李叔同家，也就是后来的陆家竖胡同 2 号院。经过细致的考察，张仲彻底弄清了这座院子的布

局、房屋结构，以及后来的变化和归属。

陆家竖胡同2号是李叔同家族之老宅，坐北朝南，有前后两进院，建于清代道光末年。李叔同《忆儿时》词作中有"茅屋三椽，老梅一株"，即指此处。在李叔同两三岁时，举家迁到粮店后街60号，老宅的房屋便租给毛五爷（毛维霖）。李叔同的次子李端，曾随家中佣工王七前往收取房租。至1930年前后，又将此房产售予毛维霖，后院则售予卖面茶的段姓。其过程为"先租后卖"，反映了李家生活的变化。至21世纪初，业主毛姓之长、次二子，仍居北房，三间已改建为各一间半（有四个门），西侧添了一间小杂屋。东西厢房已分别由祝姓、李姓住用。毛家立有木门做隔断。大门门楼及屏门踪迹全无。原通往金钟河的后院也已不具先前规模，当地居民建成一片低矮小屋。

二十多年前，张仲先生曾带领我和章用秀、杨新生等先生寻访陆家竖胡同2号李叔同出生地。2002年10月25日，张仲先生所撰《寻访弘一法师出生地》一文在我责编的《天津日报·满庭芳》刊出。文章发表后，当时居住在陆家竖胡同2号的毛维霖后人还到报社回访过我，继续介绍相关情况。陆家竖胡同2号和粮店后街60号皆已于十几年前拆迁了，但是本报摄影记者杨新生先生当时拍摄的这两套李叔同旧宅的照片，我迄今依然保存着。

李叔同书法碑林

2020 年是李叔同诞辰 140 周年。李叔同是中国近代史上享有盛誉的文化大师，也是名扬中外的佛学大师。他是将西方绘画、音乐、话剧引入中国的第一人，其诗词文章、书画篆刻、音乐戏剧造诣精湛，影响深远。福建、浙江、上海、北京等地都建有李叔同——弘一法师纪念场所，浙江平湖和上海还辟有以李叔同命名的道路。

天津是李叔同的诞生地，是他青少年时代生活、学习和工作过的家乡。为纪念李叔同，天津开设了多处纪念场所。大悲禅院的弘一法师纪念堂，由著名学者、书法家龚望提议修建，20 世纪 50 年代初建，1985 年重建。坐落于河北区海河东路与滨海道交口的李叔同故居纪念馆，复原了原粮店后街李叔同故居，2008 年落成，2011 年正式对外开放。天

李叔同书法碑林大门

津市美术中学李叔同艺术教育馆于 2018 年落成，此处原址为李叔同学成归国后首次任教的直隶高等工业学堂。

值得一提的是，在河北区宙纬路坐落着一处李叔同书法碑林。此处原为一座小公园，1990 年李叔同诞辰 110 周年之际，建成李叔同书法碑林。这座精巧的传统园林式建筑，占地六百余平方米，院内四周墙壁上镶嵌有墨色石碑，百米长的展线内，镌刻着李叔同一生各个时期不同风格的书法作品近百件，较为全面地展示了李叔同清逸高迈的书法艺术，其书法内容也反映了李叔同的爱国理想和人生品德。文化界著名人士及书画名家楚图南、贺敬之、启功、沈鹏、龚望、孙其峰、王学仲、范曾等专门为碑林书写了作品。院内的李叔同坐像是天津美术学院教授王之江的雕塑作品。全国政协副主席、中国佛教协会会长赵朴初为碑林书写了匾额和纪念题词，并称赞"你们天津做了一件大好事"。1992 年，由天津市李叔同研究会编辑的《李叔同书法碑林画集》在天津人民美术出版社出版。2012 年，有关部门对李叔同书法碑林进行了提升改造。

李叔同书法碑林建成开放后，影响很大，吸引了众多的海内外参观者。通过参观碑林，人们更加了解并理解李叔同爱国爱民、一生追求真善美的高尚思想境界和道德情操，以及他蕴涵着文学、儒学、佛学、美学、教育学、伦理学、风俗学等多方面、多层次意蕴的博大精深的文化思想。

应有一条"叔同路"

李叔同故居纪念馆

　　诞生在天津的李叔同——弘一法师，是中国新文化运动的先驱、中国近现代佛教史上的高僧，他在音乐、戏剧、美术、篆刻、金石、书法、诗词、教育、哲学、佛学、法学、社会学、广告学、汉字学、翻译学、编辑出版学乃至环境与动植物保护、人体断食实验诸方面均有创造性发展，受到世人尊敬，影响远及海外。

　　为纪念李叔同这位历史文化名人，浙江省平湖市辟有一条"叔同路"。叔同路上坐落着叔同公园，叔同公园中设有李叔同纪念馆。叔同公园位于东湖中之大瀛洲，俗称大湖墩，此前是东湖公园，是平湖现存最古老而又蕴含丰厚当湖文化内涵的名胜。公园内林木葱翠，曲径通幽，风景优美。2004 年，平湖市人民政府在此建成李叔同纪念馆。纪念馆整座建筑犹如一朵莲花，绽放在碧波粼粼的湖面上，体现了李叔同濯清涟而不妖的宽广胸怀和高洁品格。李叔同和他的弟子丰子恺、潘天寿、刘质平的人物全身铜像群雕，高雅端庄。纪念馆环型展厅中间设有一尊李叔同——弘一法师汉白玉雕像，供人们瞻仰缅怀。

李叔同曾经就读于上海南洋公学特班，与黄炎培、邵力子、谢无量等一同从学于蔡元培。南洋公学是上海交通大学的前身，在今天上海交大的校园里设有一条"叔同路"，以纪念李叔同这位杰出校友。

李叔同是天津人，出生在天津，成长在天津，在天津工作过，家在天津，后人至今生活在天津。他与天津缘分最深，是天津的骄傲。坐落在天津市河北区海河东路与滨海道交口的李叔同故居纪念馆，距离李叔同在陆家竖胡同的出生地和在粮店后街的故居都很近，十分适宜就近选择一条道路将其命名为"叔同路"或"李叔同路"。早在 2008 年，天津市李叔同——弘一大师研究会就通过媒体提出过相关的建议："李叔同故居工程是天津市一项重要的文化工程，是一个精神符号，路名的配备也是非常重要的。我们计划跟有关部门沟通，将滨海路改名为'李叔同路'，这样会更有文化内涵，也方便市民和外地游客查询。"十几年过去了，很多有识之士还是希望能够尽早实现这个目标。

大狮胡同与严复

　　天津文史学者曲振明先生多年来致力于搜集严复资料，研究严复生平，颇有收获与建树。近年来，他连续撰文披露严复在天津法租界紫竹林的居住和著译情况，弥补了严复生平活动研究的一大空白。2020年3月14日，曲振明先生署名"甄明"在《今晚报·天津卫》发表文章，题为《新文献细节挑战严复在津住所定论，严复是住宫北大狮子胡同吗？》，值得关注。现就我平时阅读史料及旧信札所得，谈谈对这个问题的看法。

　　严复在天津的住所为天津宫北大狮子胡同之说，源于光绪二十年（1894）九月严复致陈宝琛的信，落款"径寄津水师学堂或津卫大狮胡同大甡字号后严公馆，当不失也"。后面这个地址，虽然迄今未发现有其他资料佐证，但它毕竟是严复亲自写

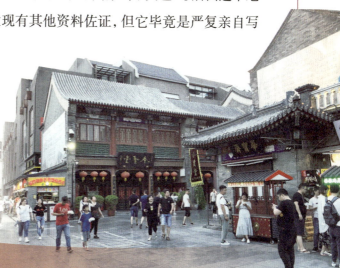

大狮子胡同今貌

给挚友的地址，其可信程度自然不会低于郑孝胥日记和夏曾佑日记中对严复在天津法租界紫竹林"德威尼寓"地址的记述。

至于曲振明先生文中所推测的"德威尼是法国人，房屋在法租界，法国人崇尚狮子，有以狮子命名胡同的可能"，应该说没有这种可能。因为严复致陈宝琛信中明确说是"津卫大狮胡同"。"津卫"是"天津卫"的简称，即指天津老城厢地区。如果是法租界，应在街巷名称之前写上"法界"字样。

有人提出严复所言"大狮胡同"而非"大狮子胡同"，这个问题不难回答。1904年2月27日《大公报》报道，某官员"拟在宫北大狮胡同预备暂行办公之地"。同年11月18日《大公报》报道，为庆祝慈禧太后七旬大寿，天津"粮商在东北城隅、木商在天成号渡口、洋药商在大狮胡同"高搭彩棚。由此可见，天津地图和路牌上的"大狮子胡同"亦称"大狮胡同"。

还有学者提出：天津历史上的大狮子胡同，除宫北外，海河对岸（旧称河东，今属河北区）粮店街另有一处，为何认定严复所在的大狮子胡同位于宫北呢？这个问题实际上也不难回答。大狮子胡同出现在近代天津的报纸、广告、公文中，都是有语境的，而且河东大狮子胡同出现的几率很低。一般来说，如果只写"大狮子胡同"而不加任何前缀，即指宫北这处。1906年12月11日，天津商务总会列出了一份天津最有名的50户绅商名单，其中有"冯宅·苍楼·河东狮子胡同"；1920年3月21日《大公报》报道，"河东狮子胡同冯宅于正月二十六七二日白事"，在"狮子胡同"之前皆注明"河东"二字。

严复居津时期，宫北一带商业发达，人文繁盛，在此附近新兴的邮政业也给通信带来很大便利。信寄"津卫大狮胡同大甡字号后严公馆"，信息已经足够丰富、准确，所以严复说"当不失也"。

严修题匾真素楼

近世天津有华、孟、严、赵四大书家的说法，他们题写了很多商号、饭店的牌匾，其中严修（范孙）题写匾额的"真素楼"就是非常著名的饭馆。

古文化街严复
故居旧址附近
的严复雕像

真素楼，由天津人张雨田于清代光绪三十二年（1906）开设，坐落于金华桥北大胡同（今红桥区大胡同）。近代天津教育家林墨青专门倡导素食，文人学者翕然从风，真素楼作为当时天津最著名的素食餐馆，自然是门庭若市，生意兴隆。真素楼厨具洁净，用料精细，厨师能用香菇、木耳、茭白、青笋、豆芽、山药等三十多种菜类原材料，加工烹制出由一百多样精致菜肴组成的整桌菜席。所谓"真素"，当然不是简单的"豆腐熬白菜""白菜熬豆腐"，而是素中求变、丰富多彩，例如菜品中的素鸡、素鱼等，其外形几可乱真，而用料不过豆皮、豆腐、香干，佐料无非味精、腐乳、香油之类，但烧制成菜肴后却是别具风味。

作为天津近代著名教育家、书法家，严修除了为真素楼书写匾额外，尚有题联："真是情的元素，素乃谓之本真。"严修亦常在此与文朋书友雅聚小饮，吟诗对联。一次，在座的有马、邓二君，马君身材魁梧，邓君身材矮小。席间，马君戏曰："吾二人可称'马高镫（邓）短'，诸公有以对之乎？"在座的文友有的以"牛鬼蛇神"为对，严修等人嫌其不工，暂且置之。直到夜阑席散，相与起立欲归时，严修忽然说："吾辈可谓'人去楼空'矣，以此为对何如？"诸人无不抚掌叫好，皆称巧对。

严修为真素楼题匾之事，旧时在津城几乎家喻户晓，报章亦多有宣传。近读陈鑫、杨传庆整理的《严修集》（中华书局2019年9月出版），内有一小段文字，系严修谈自己为真素楼题匾的缘起。严修认为，真素楼店主张雨田虽然经商，但非常重视对子女的教育，舍得花钱让其至少五个子女都进入好学校，且毕业以后循序升学，不让他们半途辍学以求速成，这在缙绅之家也不多见。更值得钦敬的是，"雨田尤富于爱国思想，闻人谈提倡国货、救国储金等事，则义形于色，辄思倾囊以应之"。严修为此感叹道："呜呼！可不谓贤乎！今之士大夫对之有愧色矣！"因此，当张雨田请求严修为真素楼题匾时，严修遂欣然答应了这位"豪杰之士"。经由此事，也可看出严修这位著名教育家鲜明、浓重的爱国情怀。

饮冰室初落津城

通常人们说起梁启超在天津的居所，特别是他的书斋饮冰室，都会指向今天河北区意大利风情区民族路 44 号和 46 号两座小洋楼。现在这里是已被列为全国重点文物保护单位的梁启超纪念馆，当年即是梁氏一家的居所和主人的书斋饮冰室。然而，梁启超 1912 年到天津定居初期并不住在这里，因为这两座建筑那时根本就不存在——北侧的居所是 1914 年建造的，而南侧的书斋饮冰室则建于十年后的 1924 年。

1912 年 10 月初，因 1898 年戊戌变法失败而被迫逃亡日本、已经去国 14 年的梁启超，终于乘坐日本轮船"大信丸"正式回到了祖国。那么，梁启超回国之初住在哪里呢？他在给长女梁思顺的信中提到，当初是住在天津日本租界的荣街（今和平区新华路），"月租百三十元，仅有可住之房四间耳"。这个居所距他创办的《庸言报》报社不远，而且宅前即公园，可以散步。据此不难推测，这座公园极有可能就是日租界的大和公园。但是至于是荣街的哪一处宅院，则一直缺乏可靠的线索来确认。

近年有文史爱好者在网上贴出一张关于梁启超的老照片，引起笔者注意。询诸学界朋友，有人说多年前曾在康有为讲过学的广州万木草堂展品中见到过这张照片。照片上是身穿斗篷

新华路与鞍山道交口附近天津第一代饮冰室旧址

的梁启超站在冬日的园林里，背景是园外的一座二层欧式楼房。照片下方印有"田上照像馆"字样，两侧有梁启超的题字，可知这张照片是他在辛酉年（1921）赠给"原觉仁弟"（当为广东著名文物收藏家、鉴赏家罗原觉）的，而照片拍摄的时间、地点则是："壬子腊半雪中所影，其地为天津之日本公园，所倚之宅即饮冰室也。"壬子年即1912年，"天津之日本公园"即日租界大和公园（今八一礼堂）。照片上的那座二层楼房，即是梁启超在天津的第一代饮冰室。这座带庭院的欧式楼房迄今基本保存完好，在20世纪早期门牌是荣街17号，现为新华路13号，位于新华路与鞍山道交口东北侧。

大和公园建于1906年，是天津日租界的政治、社交中心。梁启超自日本归国之初，选择这里作为暂时的居所，既为了出行、散步的便利，亦有安全的考虑。从史料上看，日本驻津领事馆和日租界警察机构当时确实重视对梁启超的安置和保护。天津第一代饮冰室的发现，为梁启超研究和天津历史文化研究提供了更为丰富的课题。

金元凤德华求学

　　曾在天津社会科学院工作的文史学者张元卿先生，于2019年在广西师范大学出版社出版了新著《金九在南京》。该书以抗日战争时期震惊中外的虹口公园炸弹案开篇，进而深入考证了韩国著名爱国志士、后来被誉为韩国"国父"的金九在南京的主要活动，以及以他为代表的韩国临时政府在中国的抗日活动，从而折射出抗日背景下的一段中韩关系史和中韩两国共同抵抗日本帝国主义的历史。《金九在南京》一书也提及韩国独立运动另一位著名领导人金若山。金若山即金元凤，早年曾在天津求学，是海河中学的杰出校友。

德华中学旧影
与海河中学今貌

金元凤（1898—1958），号若山，曾化名崔林、陈国斌等，出身于庆尚南道密阳郡府的一个农民家庭。在青少年时代，金元凤就痛恨日本侵略者的残酷统治，他深感日本在军事上的强大，决心学习军事知识，组建反日军队，以武装斗争推翻日本殖民统治。金元凤认为当时德国的军事学术水平最高，便想留学德国学习军事。他在1916年来到中国天津，进入设在德租界的德华学堂学习德文。第一次世界大战后期，德华学堂停办。1918年9月，金元凤到南京金陵大学学习。他毕业于黄埔军校并担任教官，参加过北伐战争、南昌起义和广州起义。金元凤曾任义烈团团长、朝鲜义勇队总队长、韩国光复军少将副总司令、朝鲜民族革命党总书记、人民共和党委员长，领导了英勇顽强的反日斗争。1948年朝鲜民主主义人民共和国成立后，金元凤先后担任第一任监察相、检阅相、劳动相、最高人民会议常任委员会副委员长。

金元凤曾经求学的天津德华学堂，全称天津德华普通中学堂，是德国领事馆控制下的文化教育机构。德华学堂建于清光绪三十三年（1907），校址在大营门外梁家园的德租界威廉街（今解放南路），曾为北洋西学学堂校址，在当时已是德国兵营。德华学堂招收中国、朝鲜学生，毕业后被介绍到德国商行工作，或升入上海同济大学后再送往德国留学。德华学堂是今天海河中学的前身，在海河中学校史馆中展示有德华时期的教学设备和生物标本。金元凤在德华学堂学习了一年左右，历史细节还有待挖掘。

2015年上映的韩国电影《暗杀》，反映的是1933年韩国临时政府特工在上海、韩国京城府（今首尔）策划暗杀亲日派行动的故事。片中金九由金洪波饰演，金元凤由曹承佑饰演。该片在韩国热映，在中国也备受关注。

梅兰芳与东天仙

近年被列入第五批天津市文物保护单位名单的"东天仙戏园旧址",即今河北区建国道民主影剧院（2021年5月1日，德云社天津分社开始在此表演相声），已有130年的历史，是天津唯一一处仍然基本保留原貌的早期剧场，它见证了天津戏曲演出的盛衰，留下了珍贵的现场资料。

东天仙戏园旧址即今德云社天津剧场

1937年，曾有人在《大公报》撰文指出："东天仙位于本市特别二区金汤大马路之南，原为旧式戏园建筑，一切均极简陋，但当年老名角，多曾出演该园，故其声名颇大……"1912年1月1日晚和2日晚，天津演出了两场盛大的冬赈义剧，当时本市著名的京剧、河北梆子演员几乎全部参加（少部分为北京演员）。像京剧须生刘鸿升、时慧宝、刘永奎（兼演花脸），武生李吉瑞、尚和玉、薛凤池，武丑张黑（张占福），武旦九阵风（阎岚秋），以及著名河北梆子演员刘喜奎、王克琴、金月梅、张凤仙、筱兰英（姚佩兰）、小香水（李佩云）、小达子（李桂春）等，无不襄助义举。首场即在东天仙演出，第二场在下天仙戏院（后来的人民剧场）演出。

1915 年，京剧名家梅兰芳首次来天津，在东天仙戏园演出。梅兰芳初莅津城献艺，得到天津观众的好评。转年 9 月，梅兰芳再次来到东天仙，演出新编现代时装戏《一缕麻》。所谓时装新戏，就是采用当时人的衣着打扮、反映当时社会现实生活的新编剧目。这些新戏多批判封建社会制度和流弊，宣扬民主革命思想，而且艺术形式也有较大创新。梅兰芳的新戏轰动津门，报界给予很高的评价。由此亦可窥见东天仙当年的影响。此后，梅兰芳排演新戏总是最先拿到天津来演出，他认为天津观众不但热情而且懂戏，如果新戏能得到天津观众的认可，他心里才有底。

2018 年 6 月至 8 月，"片纸留痕——天津戏剧博物馆藏老戏单展"在天津戏剧博物馆举行。梅兰芳演出戏单留存丰富，从中可以追寻这位京剧大师的成长足迹。1910 年，出道不久的梅兰芳在北京文明茶园排位倒四演出；1915 年，梅兰芳在天津东天仙大舞台演出，仍为老生名家王凤卿挂二牌演出，但其声名已超越了王凤卿，不久便挂头牌演出。1916 年，梅兰芳时装新戏《一缕麻》三四本在天津东天仙大舞台演出，天津戏剧博物馆珍藏了这一剧目演出的宣传戏单。

马彦祥住文兴里

位于和平区劝业场商业区的文兴里，北边是大沽北路，南边是兴安路，东边是哈尔滨道，西边是滨江道，大约在 20 世纪 20 年代形成现在所见的建筑格局。文兴里是天津目前保存比较完整的近代租界商住建筑群，其中坐落在滨江道一侧的基泰大楼是天津市文物保护单位、重点保护等级历史风貌建筑。

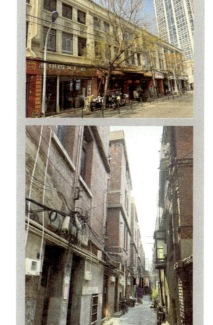
文兴里内外今貌

著名建筑设计专家、天津大学建筑学院副教授张威先生近年在天津电台"话说天津卫"节目介绍天津老建筑时，特别提到文兴里的建筑特色。他请听众朋友们帮忙，提供关于文兴里的老人老事。由是笔者想起，著名戏剧家马彦祥先生于 20 世纪 30 年代曾在文兴里文楼公寓居住过。

马彦祥原籍浙江鄞县，1907年生于上海，其父是曾任故宫博物院院长的马衡。马彦祥毕业于复旦大学，后来成为中国现当代很有影响的剧作家、戏剧导演、戏剧理论家和戏剧活动家。中华人民共和国成立后，他曾担任文化部戏曲改进局副局长、艺术局副局长，中国戏剧家协会副主席，文化部顾问。

1932年，天津《益世报》改进版面，马彦祥经著名作家张恨水推荐到该报做副刊编辑。他很快就把副刊版名改为"语林"。他以"尼一"的笔名每日写一篇杂文，尖锐地讽刺时政，1933年结集出版。他约了老舍、洪深、靳以、夏征农等不少著名作家为《语林》写稿，产生了很大的社会影响。马彦祥除编副刊外，还兼编戏剧周刊。他既喜欢话剧，也喜欢戏曲，而且不论是京剧、昆曲还是评剧，他都很在行。他听到魏庆林的弹词，一再称道，后来又听到陶显庭的弹词，更为激赏，不久他便会唱了。他爱唱京剧，曾在永兴国剧社票演全部《四郎探母》及《乌盆计》等剧，"唱""做"一丝不苟。话剧是他的本行，中国旅行剧团来津演《茶花女》，他曾串演配角。马彦祥择居文兴里，参加戏剧活动十分便利。1934年，他离开《益世报》，到山东齐鲁大学教书。

1988年马彦祥在北京去世，天津老报人吴云心先生写了一篇悼念这位老友的文章，其中有对马彦祥在大沽路文兴里文楼公寓居所的回忆："室内一架单人床，一个小写字台，两把椅子，朴素简单，但他在那里写了不少东西。我现在偶尔走过那个楼前，就想到马彦祥……"

孙犁笔下小刘庄

"小刘庄大街的牌坊，面临着海河的摆渡口。过渡的主要是工人，每到上班下班，小船就忙起来……宽大的海河两岸，一直排下去全是工厂……两岸工厂紧张的机器声，掩盖着波浪细碎的声响……小刘庄是工人集中的住区，和市中心的风格比较起来，它只是一部长篇故事的小小的插曲，但是一个非常含蕴热烈充实的插曲，无限的前途要在它身上展开的……"

这是著名作家孙犁笔下的小刘庄。《小刘庄》一文写于1950 年 7 月 9 日，发表在当月 24 日《天津日报》副刊上，收在1962 年他在百花文艺出版社出版的《津门小集》中。

河西的小刘庄，与河东的大直沽隔水相望，并且两地有着很深的历史渊源。大直沽元代时成为漕运枢纽，小刘庄至晚在明代时已形成村落，亦为漕运粮船必经之地，作为水陆码头而

小刘庄今貌

日益繁华。孙犁写到的刘庄大街的牌坊,是家居大直沽的著名书法家李学曾题写的,当时也是海河边的一个地标。

1949年,随着解放大军进城,在《天津日报》工作的孙犁,在努力地改变着自己,适应着新的环境。他经常独自到城市基层和郊区去采访。中华人民共和国成立初期孙犁出版的《农村速写》和《津门小集》,当时都是作为通讯写作并发表的,体现着鲜明的新闻记者的职业色彩。鉴于天津是一个工厂多、工人多的大工业城市,《天津日报》副刊便多次召开工人作者座谈会,倡导工厂文艺,扶持、引导工人作者创作。孙犁多次在会上发言,他强调"作品的生活性和真实性",认为"现实"就是"不脱离群众并能引导群众向上"。

在《小刘庄》一文中,孙犁写出了"现实":"黄昏,工人从纺织工厂、硫化厂、骨胶厂下工回来……研究讨论着合理化建议的事项……无论是街上,小小的庭院里,明静的窗台下面,都因为工人们放工回来热闹起来了。工人们给家属和邻居讲说着学习到的新鲜道理和工厂里的新鲜事情……"文章末尾,孙犁没有忘记"引导群众向上":"小刘庄应该有一家通俗书店,应该有一个完备的文化馆。工厂的文化娱乐,应该更密切地和工人家属教育结合起来……"

几十年过去了,刘庄大街的牌坊早已拆掉,孙犁笔下小刘庄那些"窄小的胡同,老朽的砖房,和低矮的灰土小屋"也已经变成高楼大厦。如今,只有摆渡口改成的刘庄桥,以及后来出现的小刘庄公交站,依然保留着这个地名,作为这个地方曾经存在的证明。

王达津爱逛钱摊

　　王达津先生（1916—1997），是南开大学中文系教授、著名中国古典文学研究专家，尤精于古典文论与唐诗研究，著有《古代文学理论研究论文集》《唐诗丛考》等。他不仅工诗善文，晚年还喜欢收藏古钱，常逛钱摊，以此丰富生活，陶冶精神。

　　20世纪80年代，王达津偶尔去沈阳道、山东路一带，看看小古玩摊上的古钱，有时买几个，价钱也不高，但"未免发思古之幽情"。90年代初，它在街上遇到一个古钱摊，多为开元钱及宋钱，便以五角一枚买了一些。有一个在工厂工作的人，喜欢外出搜罗古钱，也常给他送一些来。于是，他收藏、鉴赏的积极性大增，"在芸窗之下，多了一种摸索古币的趣味"。他开始喜欢逛津城各处的钱摊。先是以古为尚，搜集燕国、齐国的刀币。友人送来不少秦汉时小的半两钱，他玩之不愿释手。此后便又想找一枚秦朝大的半两钱，后来果真找到一枚，但经朋友提醒，才确定它实际上是汉初的八铢半两。日久，他又搜集到不少五铢钱，包括从西汉到六朝的五铢。王莽时期铸造的钱币，如货泉等，也搜集到了。通过比较研究，王达津感受到，历代钱币的发行与生产力的发展关系很大，兴亡之迹往往反映在钱币上。

天津古玩市场的钱摊

为做真赝对比，王达津也特意收存了一些伪品。1993年的一天，他在沈阳道钱摊买了一个古布和六个大钱。主要是被大钱上朱元璋所铸"大中通宝"、南宋当百"淳祐通宝"、伪齐刘豫所铸"阜昌通宝"等字样吸引住了，但是钱的锈色灰白不翠，分量也轻，其真伪深可怀疑。回家后，他用锅煮了十分钟，结果一锅水变成红汤，五枚钱上的锈全煮掉了（这确是辨伪的一个方法）。于是他又用工具去擦，这些钱全变为金黄色像是铝合金的小玩具了。王达津终于探究出，这些属于现代伪钱，连铜的都不是。他提醒藏友，买伪钱也要看看它是否铜质……

为纪念南开大学百年华诞，中国人民银行于2019年10月10日发行了南开大学建校100周年金银纪念币。银币图案中铸有装饰着云水纹的校钟，而校钟的铭文正是由王达津先生撰写的。这也算是王达津先生与他生前喜爱的钱币再续的一点缘分吧。

峥嵘岁月

义和团与吕祖堂

　　天津旧城以西，过去庙宇众多，位于如意庵大街吕祖堂前街的吕祖堂只是其中的一座小庙，掩映在街巷欹斜、房屋错落的大片民宅之中，外人颇难觅得。如今，城西的庙宇绝大多数早已不见踪影，唯有吕祖堂保存完好，而且愈发显得清幽雅致。在红桥区芥园道与怡华路交口保留这片道教庙宇建筑群的主要原因是，它曾经是义和团坛口。

吕祖堂山门

吕祖堂始建于明宣德八年（1433），最初为永丰屯屯中祠堂。清康熙五十八年（1719）改建为吕祖堂，成为供奉八仙之一"纯阳吕祖"吕洞宾的道观。后经清代乾隆六十年（1795）、道光十九年（1839）及1920年等多次修葺，逐渐形成现在的规模。清光绪二十六年（1900），义和团运动在天津兴起，乾字团首领曹福田率领千人，在吕祖堂设立总坛口。1985年，吕祖堂得到全面修缮，并设立天津义和团纪念馆，于1986年正式对外开放。吕祖堂现为全国重点文物保护单位、天津市重点保护等级历史风貌建筑和爱国主义教育基地。

义和团运动是清末以农民和破产失业的城乡居民为主体的反帝爱国运动。1898年，义和团首领赵三多在山东冠县首举义旗，提出"扶清灭洋"的口号，揭开了义和团运动的序幕。因义和团声势浩大又多得民众支持，运动规模逐步扩展至华北、东北各省，各地义和团纷纷进入天津。吕祖堂因临近南运河，又距城厢不远，且周边多劳苦民众聚居，群众基础较好，乾字团首领曹福田将此处设为总坛口。五仙堂作为坛场，备桌椅香案，作为议事厅。坎字团的首领张德成、红灯照首领"黄莲圣母"林黑儿和乾字团的刘呈祥等，经常来此拜坛议事，与曹福田共同商讨对敌策略。鏖战老龙头火车站、攻打紫竹林租界和天津保卫战的退敌大计都是在这里拟定的。吕祖堂是义和团运动在天津重要的历史留存，也是全国唯一一座义和团坛口遗址。2005年，在纪念馆门前广场西侧新建了一尊义和团群雕铜塑像，下方刻有周恩来对义和团的评价："1900年的义和团运动是中国人民顽强地反抗帝国主义侵略的表现。他们的英勇斗争是50

年后中国人民伟大胜利的奠基石之一。"

　　天津旧城东门外迤南（今南开区东马路与水阁大街交口仁恒海河广场一带）也曾经有一座供奉吕洞宾的吕祖阁，但它早已消逝在历史的烟云中，不像城西的吕祖堂那么幸运。

黄莲圣母停船场

　　1900 年义和团运动期间，常有一位女子到义和团总坛口吕祖堂拜坛议事，与乾字团首领曹福田及坎字团首领张德成等共同商讨对敌策略。她就是红灯照首领"黄莲圣母"林黑儿。

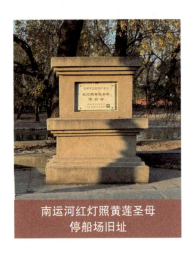

南运河红灯照黄莲圣母
停船场旧址

　　甲午战争后，帝国主义对华侵略程度不断加深，天津人民首当其冲地处在反抗列强侵略和奴役的最前沿，因而天津地区义和团的发展最为广泛和深入。广大妇女也迅速组织起来，十几岁的少女组成了"红灯照"，三四十岁的中年妇女组成了"蓝灯照"，老年妇女组成了"黑灯照"，寡妇也组成了"青灯照"。这些妇女组织中，以"红灯照"最为普遍，最有影响。当时流行着"男练义和拳，女练红灯照"的民谣。这些妇女组织在天津地区的共同首领，就是著名的"黄莲圣母"。

　　"黄莲圣母"，不知其真名实姓，只知人们称其"黑儿"或"林黑儿"。当时她只有二十来岁，全家以操船贩盐为业。1900

天津义和团纪念馆介绍红灯照的展牌及各种版本的《红灯照》连环画

年，黄莲圣母的家人因触犯洋教被捕，惨遭毒打，后病发而亡，这让她更加痛恨帝国主义。有一天，她假借神仙附体，大闹起来，把她家船上装有四百多斤重的盐包抓起来扔到河里，并声言要组织妇女参加义和团。周围的人看着她那力大无穷的样子，都以为她真的神仙附体了，家里人也不再阻拦，于是，她终于冲破轻视妇女的传统思想，开始了组织"红灯照"的工作。黄莲圣母精通医术，能治百病，因此，她便以传授医术为名组织"红灯照"。起初，她曾想在天津西郊杨柳青的文昌阁内建立坛口，但遭到当地士绅的反对。她接受张德成的建议，于庚子年（1900）四月到了天津城外，把船停在侯家后归贾胡同口的南运河岸边。由于找不到合适的场所，她就在船上建立了坛口。在她的宣传、组织下，许多妇女都前来投奔。她在船的桅杆上悬挂起"黄莲圣母"的旗帜，"红灯照"便正式成立了。

"红灯照"成员互称师姐师妹，黄莲圣母被称为"大师姐"。在义和团的统一领导下，"红灯照"做了许多反帝斗争的实际工作，如医治负伤团民、为团民供应粮草、传递消息等。在抗击八国联军侵略、保卫天津的战斗中,黄莲圣母领导"红灯照"不仅做了许多支援战争的后勤工作,在攻打老龙头车站、紫竹林等战斗中还冲锋陷阵。八国联军侵占天津,黄莲圣母负伤被捕后不幸遇害。

1982年,天津市政府重新公布市级文物保护单位名单,位于红桥区南运河南岸、归贾胡同北口的1900年黄莲圣母停船场作为"纪念地"被列入名单。三十多年过去了,南运河两岸街衢变化巨大,但"红灯照黄莲圣母停船场"文物保护标志碑依然在水边树下牢牢地矗立着。

觉悟社百年重光

　　1919年9月16日，天津学生联合会与天津女界爱国同志会的进步青年骨干周恩来、邓颖超、马骏、郭隆真、刘清扬等，成立了革命社团觉悟社。一百年后，2019年10月16日，国务院公布第八批全国重点文物保护单位名单，觉悟社旧址作为"近代重要史迹及代表性建筑"入选。

　　2019年是五四运动100周年。天津是最早响应五四运动的城市之一。1919年觉悟社成立后，对新思潮和不同的政治思想进行深入研究，编辑出版《觉悟》，邀请李大钊、刘半农、钱玄同等著名学者演讲。同时，觉悟社处在革命斗争的最前列，是当时爱国运动的先锋和天津学生运动的领导核心。以觉悟社成员为代表的爱国青年学生同各界群众一起，在天津革命史上书写了壮丽

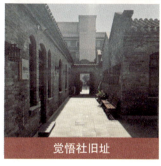

觉悟社旧址

的篇章。

　　觉悟社坐落于河北区三马路三戒里，原为民宅，建于清末民初。1984年，觉悟社旧址陈列馆正式开放。1985年更名为天津觉悟社纪念馆，后由邓颖超题写匾额。1994年，为纪念邓颖超诞辰90周年，邓颖超纪念馆在觉悟社旁建立，并将邓颖超青年时代在津创办的女星社旧址迁移至此。女星社成立于1923年，是在觉悟社停止活动后以邓颖超为代表的青年进步分子创办的革命进步团体。女星社曾编辑《女星》，并开办女星妇女补习学校，大力开展妇女解放运动，在国内产生了广泛影响。1994年，纪念馆开辟录像室，播放《我们的邓大姐》《英才风华录——邓颖超》等电视专题片。1998年，在周恩来邓颖超纪念馆建成后，邓颖超纪念馆移交了部分陈列物后闭馆。

　　觉悟社旧址现有基本陈列、复原陈列室、辅助陈列室、临时展厅、女星社基本陈列展览和觉悟园等参观区域。基本陈列分为序厅及"奠定基础——经受五四风暴的洗礼""觉悟诞生——寻索改造社会之途""大浪淘沙——选择不同人生道路"四个部分。复原陈列室曾为社员李锡锦家的餐厅，后成为觉悟社开展活动、探讨问题的场所。房间内布置了民国时期陈设以及社员们抓阄用的铁盘和纸阄，再现了当年活动的场景。重要文物包括周恩来留法期间使用的公文包，"为国牺牲"纪念章、天津学生联合会职员证章、天津女界爱国同志会证章，以及社刊《觉悟》等。

　　觉悟社旧址历经百年风雨沧桑，于今成为全国重点文物保护单位，在新时代焕发出青春和理想的光辉，到此参观者络绎不绝。

北方局在隆泰里

对大多数天津人来说，黑龙江路是一条仅闻其名却说不出具体位置的小马路。这条路位于和平区长春道与哈尔滨道之间，它的两端都是丁字路口，受交通作用所限，也多少影响了其知名度。在法租界时期，黑龙江路曾叫石教士路。近几十年来，黑龙江路如果出现在媒体上，十有八九是因为这条路上有个隆泰里，隆泰里曾驻着中共中央北方局，刘少奇曾在此处主持工作。

1936年春，为了贯彻中共中央瓦窑堡会议精神，建立抗日民族统一战线，彻底转变白区的工作路线，刘少奇受党中央委托，来天津担任中共中央北方局书记，领导华北地区的抗日斗争。刘少奇抵津后，先以茶叶商人的身份住进日租界的北洋饭店，后几经搬迁，在天津市委书记林枫的协助下，选择了法租界石教士路隆泰里19号作为北方局的办公地点。刘少奇化名"周先生"，在这里居住了一年，于1937年春离开天津。

1936年4月初，刘少奇主持重新组建了中共中央北方局，刘少奇任书记。北方局成立后，刘少奇首先做的工作就是统一思想，坚决肃清党内存在的"左"倾错误，将党中央的正确路线传达到白区。刘少奇根据中央精神和北方各省的具体情况，从理论上、政策上、工作方式上对北方党的工作给予了具体指导，同时积极进行党组织的恢复和发展工作。到1936年底，全市的党员发展到四百多人。其间，刘少奇提出在民族矛盾上升及抗日救亡运动高潮的形势下，运用正确的方针政策"拥护二十九路军抗日"，使天津的抗日救亡运动轰轰烈烈地开展起来。鉴于此，党中央

黑龙江路隆泰里
中共中央北方局旧址

对刘少奇主持下的北方党的工作给予高度评价。

隆泰里19号是里巷式砖木结构二层楼房中的一个院落，建于1915年。1982年，中共中央北方局旧址成为市级文物保护单位。2005年，中共中央北方局旧址辟为纪念馆，正式对外开放。2006年，中共中央北方局旧址纪念馆成为市级爱国主义教育基地。随着近年周围各种商贸大厦的纷纷建成，红色墙面的隆泰里小楼越发显得沉静庄重了。

两座吉鸿昌塑像

和平区中心公园东南侧，有一座带庭院的三层红砖小洋楼，门牌是花园路4号。抗日名将吉鸿昌当年就住在这里。因为这是一座红色砖楼，又是吉鸿昌将军在天津开展抗日救亡活动的主要场所，所以被人们称为"红楼"。

1895年，吉鸿昌出生于河南省扶沟县一个贫苦农民家庭。1913年，他加入冯玉祥的队伍。此后历任团、旅、师、军长及总指挥，并曾任宁夏省主席。1932年，吉鸿昌加入中国共产党。他坚决抗战，自己出资购买武器，秘密运到抗日前线张家口。1933年，察哈尔民众抗日同胞军宣告成立，吉鸿昌率部收复多伦城，给日本侵略者以沉重打击。后来察哈尔民众抗日同胞军在国民党军队与日军的夹击下失败，吉鸿昌

吉鸿昌故居
及其前面的吉鸿昌雕像

潜至天津继续从事抗日活动。1934 年 11 月 9 日在国民饭店参加秘密会议时被国民党特务刺伤后被捕，24 日在北平英勇就义，年仅 39 岁。在刑场上，他以树枝作笔，大地为纸，疾书一首："恨不抗日死，留作今日羞。国破尚如此，我何惜此头！" 1945 年中共"七大"时，中央决定授予吉鸿昌革命烈士称号。

1930 年，吉鸿昌买下天津法租界法国花园（今中心公园）附近的小洋楼。从 1931 年到 1934 年，他在这里度过了生命最后几年中的大部分时光。这座"红楼"成为党的地下组织联络站和进行秘密活动的据点。为此，吉鸿昌对这座楼房进行了全面改造，楼内门门相通，间间相连，每层楼都有小间密室，以便发生紧急情况时迅速疏散或隐蔽。1982 年，吉鸿昌故居被定为天津市文物保护单位。

1995 年 11 月 10 日，在吉鸿昌将军诞辰 100 周年之际，经中共中央有关部门和市委批准，由和平区各界人士倾心建造的吉鸿昌将军青铜塑像在吉鸿昌故居前的中心公园内落成揭幕。吉鸿昌将军青铜塑像是作为永久性爱国主义教育基地而建立的。底座高二米，背后的碑文铭刻着吉鸿昌生前事迹。塑像高三米，造型为将军横刀立马，充分体现了中华民族威武不屈的英雄气概。

此外，2005 年 9 月 1 日，为庆祝抗日战争胜利 60 周年，并纪念吉鸿昌诞辰 110 周年，由天津雕塑家刘鑫创作的吉鸿昌烈士半身塑像在他当年被捕地点天津国民大饭店旧址揭幕。这座吉鸿昌半身塑像形象逼真，朴实生动，显现了烈士大义凛然的英姿，表达了后人对英烈的深切纪念。

孙中山张园"遗事"

　　张园,坐落在和平区鞍山道与山西路交口,本是清末湖北提督张彪于 1916 年建造的豪华私邸。1924 年 12 月,孙中山应冯玉祥邀请,偕夫人宋庆龄北上商谈国是,由上海绕道日本抵达天津,曾经下榻于此二十余天。孙中山居住张园并从事社交活动,当时天津《大公报》、北京《晨报》,以及上海《申报》《民国日报》《图画时报》等著名媒体,皆有报道。然而,在天津解放后的二十多年间,却对孙中山在张园所居房间保持着长期的误认。关于这段孙中山"遗事"的来龙去脉,当今的读者可能知道的并不多。

广东会馆(天津戏剧博物馆)的孙中山雕像与溥仪等人在张园的合影

1956年11月2日下午，当时作为天津日报社办公楼的张园，迎来了从广州来的一位老人。他是孙中山的侍从副官马湘，还有他的儿子和儿媳。马湘当时67岁，他从1917年起就追随孙中山为革命四处奔走。负责报道的《天津日报》记者吴寿颐等人随马湘上楼，走进一间带有阳台的房间。马湘告诉人们："这就是中山先生的卧室，也是他会客的地方。"在这里，马湘回忆起当年与孙中山相处的日子，追述了这间卧室当时的情形："像中山先生的生活一样，当年这间屋子的布置，是简单而朴素的。靠近西面的玻璃窗，放着一张黄色的单人铜床，北面安放着一套咖啡色的皮沙发。剩下，就是墙角的地方还有三个高腿的花架……"马湘印象最深刻的，是放在床头的一个床头几和一个书架，"上面都摆满了政治、经济、历史和地理等中、外文的书籍"。他说，中山先生即使在病中，仍然手不释卷。他还指认说，这个房间的右隔壁，就是当年孙夫人宋庆龄的卧室。

有关部门认为，马湘长期随侍孙中山，他的回忆具有权威性，于是马上予以确认，并依照马湘的介绍复原了孙中山卧室，对外公开宣传，直到20世纪80年代初。

1982年，有关部门通过调查了解到，张园的房子已不是原来的建筑。1924年12月底孙中山离津后，1925年至1929年，清逊帝溥仪曾以张园为"行在"。20世纪30年代，通过川岛芳子撮合，日本人买下张园作为军部，并将园内的"八楼八底"三层楼房全部拆除，新建起一座罗马式二层小楼，即现存的楼房。结合老照片和历史资料，可以认定，现存楼房并非当年孙中山暂居张园之建筑，"孙中山卧室"自然也就无从谈起了。

市军管会办公处

2019 年 10 月 16 日，国务院公布第八批全国重点文物保护单位名单，天津市军事管制委员会和中共天津市委旧址作为"近代重要史迹及代表性建筑"入选。天津市军事管制委员会和中共天津市委旧址所在地——和平区鞍山道与山西路交口的张园，这座孙中山和溥仪曾经居住过、见证了百年沧桑的历史文化名园，终于成为全国重点文物保护单位。

张园今貌及展陈

天津市军事管制委员会和中共天津市委于 1949 年至 1953 年曾在张园办公，但张园并不是市军管会的第一个办公地点。1949 年 1 月 15 日天津解放，成立了中国人民解放军天津市军事管制委员会，办公地点最初设在原法国公议局大楼（今和平区承德道 12 号）。

市军管会成立当日，发布了军字第一号布告："中国人民解放军平津前线司令部政治部电令：'天津市及其近郊国民党匪军业已肃清，塘沽、大沽国民党匪军，亦将就歼。为着保障全体人民的生命财产，维护社会安宁，确立革命秩序，着令在天津市并东至塘沽、大沽，南至静海，西至杨柳青，北至杨村所辖区内，实行军事管制。成立在中国人民解放军平津前线司令部指挥之下的天津区军事管制委员会，为该区军事管制时期的权力机关，统一全区军事、政治、经济、文化等管制事宜……任命黄克诚为主任，谭政、黄敬为副主任。'本会遵令即于 1 月 15 日宣告成立。本主任暨各委员亦于该日到职视事，奉行中国共产党所制定的城市政策，遵照中国人民解放军平津前线司令部的约法八章，实施军事管制。"

市军管会仅由七千余人组成，要迅速顺利接管拥有二百万人口的中国北方第一大工商业城市天津，任务十分艰巨而繁重。市军管会下设办公厅、行政部、接管部、文教部、市政接管处及塘大军管分会、天津市纠察总队等部门，遵照"各按系统，自上而下，原封不动，先接后管"的方针，紧张而有序地接管了国民党天津市政府、警察局，以及报社、电台、水厂、电厂、银行等重要部门，以最快速度恢复生产，安定人民生活。

在 1949 年 1 月 17 日《天津日报》创刊号第一版上，刊发了市军管会的几项规定：《统一货币流通办法以人民钞为计价单位，冀钞东北钞暂准行使》《伪金圆券处理办法限期限额照牌价兑换本币，对工人学生特定优待比价》《金融管理办法严禁外币金银计价流通，军管期内暂停证券交易》。这些措施，有利于澄清金融市场，稳定物价，保障商民正当利益，繁荣经济。

1949年1月22日，根据工作需要，市军管会迁至迪化道（今和平区鞍山道）四六、四八号国民党警备司令部稽察处旧址办公。在保存至今的通知单上，印的市军管会新地址是"迪化道山东路角"。此时距市军管会成立，刚好一周。

何时形成银行街

银行街，也叫金融街，以美国纽约的华尔街最为著名。近代天津的英、法租界中街（今解放北路）中外银行麕集，成为中国北方的金融中心，有"东方华尔街"之称。其实，在近代中国其他一些大城市也出现过"银行街"的称呼，如北京的西交民巷，但其规模和影响终究没有天津银行街这么大。

天津开埠后，英、法租界中街作为租界早期最主要的道路，兼有政治、经济、外交等综合功能。1880 年，英国汇丰银行最早在天津筹设，一大批外国银行随后涌入。各国银行为显示实力，相继在英、法租界中街一带建造了气势雄伟壮观的银行大楼。不仅英、法、美等国的银行设在英、法租界中街，日、德、俄、比、意等国虽然在天津辟有本国租界，却也将银行设在英、法租界中街。北洋时期时局不稳，战乱频仍，华商银行为求安全，也纷纷向英、法租界转移。中外银行日趋集中，使得英、法租界中街逐渐形成金融专业色彩浓郁的银行街。

在 1926 年 10 月 6 日《大公报》的报道中，明确提出了天津"银行街"的概念："本埠英租界，由维多利亚路（即中街）南首，以至法租界北首，新筑一大围墙，闻系中法实业银行所购基地……汇丰银行之新基地亦在维多利亚路之尽端。正金银

解放北路银行街

　　行亦将移至该路……将来各行工程告竣，马路更形加宽，是则英、法交界处，各大银行矗立一排，直成一银行街。邻近维多利亚路之各大马路转角及维多利亚路全线，均划出白线，禁止各项车辆擅行闯入，以保清洁而维路政……"说明天津"银行街"不仅在建筑上有规划，而且在道路交通方面也有管理措施。转年，新万国桥（法国桥）在法租界中街北端竣工开通，亦可视为完善银行街交通功能的重要标志。

　　至 1947 年，据中央银行统计，天津官办、商办、外商办的银行总行或分行共有 51 家，设在这条银行街上的就有 27 家，包括所有的外商银行 9 家。此外，靠近这条街的银行还有 13 家。这样，设在银行街的银行总共为 40 家，占天津所有银行的近八成。设在这条街及附近的其他金融机构，还有 1 家信托公司、12 家保险公司和天津证券交易所。天津银行界的行业联合组织——银行和钱业两个公会也都设在这条街上。可以说，这条街是名副其实的银行街。

钞票上的大同道

　　大同道是和平区东部一条不算长的马路，东起海河边上的台儿庄路，中间与解放北路相交，西至大沽北路。在英租界时期，大同道中文叫四号路，英文叫领事道。天津各国租界中，英租界开辟最早，而领事道又是英租界第一期建设的道路，坐落有早期的英国领事馆或领事住宅，所以它是一条老牌马路。

　　领事道与维多利亚道（亦称英租界中街，今解放北路）交口的西北侧，是汇丰银行天津分行大楼。它建于 1925 年，由英商爱迪克生和达拉斯（同和）工程司设计，三层钢混结构，建筑正面及侧面矗立着 12 根巨大的爱奥尼克式廊柱，体现出典型的古典主义风格。汇丰银行天津分行 1881 年开业，是天津

钞票上的华俄道胜银行
天津分行及今貌

第一家外商银行，是天津对外贸易的主要结算银行，获有中国关税、盐税的托管权，享有纸币发行权，决定着天津的外汇市场，在太平洋战争之前一直是天津外商银行的老大。1958年至1966年，这座大楼曾经是河北省人民委员会驻地。该楼现为中国银行天津分行使用。

领事道与维多利亚道交口的东北侧，是华俄道胜银行天津分行大楼。该楼建于1900年，二层砖木结构，棕红色穹顶，黄色面砖，采用了文艺复兴式穹顶及采光亭，又采用了罗马式圆拱券、巴洛克式曲线形的尖山墙，被认为具有浓郁的俄罗斯建筑形式。该楼是天津现存最早的外国银行建筑，现为中国人民银行天津分行使用。华俄道胜银行天津分行发行的钞票，多印有这座大楼的形象，为钱币收藏家所熟悉。旧时发行的天津风光明信片，也喜欢选取该楼为主景，反映领事道的风光。

20世纪二三十年代，德华银行一度在领事道办公，该楼今已无存。中国实业银行总行和天津分行旧时也曾在领事道办公，银行大楼后来曾经作为天津眼科医院住院部，保存至今。

我太太的娘家住在大同道西端的大沽路68号，所以我对大同道比较熟悉。近年来仍与大同道打交道，主要是总能收到寄自那里的两种很有价值的内部刊物——天津市文史研究馆编辑的《天津文史》和天津市钱币学会编辑的《天津钱币》。

花旗银行"孪生"楼

美国花旗银行原名"国际银行"，在中国也称"万国宝通银行"。该行创立于 1812 年，总行设在纽约。花旗银行原系美国历史悠久的民营商业银行。1926 年美国政府加入股本，改为官商合办，被指定为代理国库银行。该行在 19 世纪与 20 世纪之交因经营庚子赔款而在中国广设分行。20 世纪初，花旗银行由瑞记洋行代理其天津业务。花旗银行天津分行开设于 1916 年。该行除办理存放款、汇兑业务外，还发行钞票。1941 年 12 月太平洋战争爆发，该行资产随即被侵华日军没收。1945 年抗战胜

123

花旗银行在天津和北京的一对"孪生楼"

利后，该行在原址恢复营业，并依靠其政治优势取代英国汇丰银行而成为天津外国银行中的霸主。1948 年 12 月，该行停止营业。2003 年，美国花旗集团在天津重新设立花旗银行分行。

花旗银行天津分行大楼建于 1921 年，位于英租界中街，今大同道与大连道之间的解放北路西侧。建筑面积约 2000 平方米，地上三层，地下一层。该建筑为庄严、稳重的西洋古典风格。立面整体为石材饰面，由一组厚重的水平檐线划分为上下两部分。正面大门前由四棵爱奥尼克式立柱支撑，构成对称的开放式柱廊。顶部雕饰有椭圆形的花旗银行徽帜。厅内立有七棵方柱，内墙面有壁柱。这座大楼目前由中国农业银行天津分行使用。此楼为天津市文物保护单位、特殊保护等级历史风貌建筑。

笔者很早就发现，花旗银行天津分行大楼的外观和体量，与坐落在北京东交民巷、建于 1914 年的花旗银行北京分行大楼（现为中国警察博物馆，系全国重点文物保护单位）几乎一模一样，好似"孪生"。2007 年，我在南京师范大学出版社出版的拙著《七十二沽花共水》中即提出过这个问题。以往介绍花旗银行天津分行大楼的文章都说，它是美国著名建筑师、后来曾担任南京国民政府建筑顾问的亨利·墨菲"精心设计"的。既然如此，那么为什么它与比早它七年建成的花旗银行北京分行大楼竟然几乎一模一样？花旗银行北京分行大楼又是谁设计的？是墨菲一稿两用还是他抄袭了其他建筑师的设计稿？

直到近年，才见有建筑专家说，北京、天津的两座花旗银行大楼都是由墨菲一人设计的，并由此认为美国花旗银行对于海外分行的建筑具有统一的设计标准。

朝鲜银行两旧址

中共天津地委早期领导人于方舟烈士曾作《租界竹枝词》十首,里面有一首写道:"儿女亲家金兰谱,银鱼紫蟹洋朋友。花旗汇丰老头票,天棚字画大狼狗。"其中"花旗汇丰老头票"一句,反映出列强采取各种手段对天津进行的经济控

解放北路与和平路上的两处
朝鲜银行天津分行旧址

制和掠夺。"花旗""汇丰",是美国和英国的两家主要银行;而"老头票"则指的是日本朝鲜银行发行的纸币,因其票面印有一老人像,故名。

朝鲜银行,是日本帝国主义 1911 年在京城(即汉城,今首尔)建立的银行,实质上成为日本对朝鲜半岛进行殖民统治的中央银行,也是借用殖民地名称的日本官方银行。1913 年后,该行陆续在中国上海、沈阳、大连、抚顺、长春、天津、北

京、青岛、济南等地开设了二十多处分行。该行在中国东北等地发行的纸币量，大大超过了日本政府的对外贸易银行横滨正金银行。

朝鲜银行天津分行（支店）于1918年9月20日开业，设在法租界中街（今解放北路）与领事馆路（今承德道）交口东南侧。所在的大楼始建于1906年，原为德商银行与法商乌利文洋行联合使用，后来德商银行部分转为朝鲜银行使用。该楼建筑面积约3500平方米，为混合结构，三层高，仿希腊古典复兴建筑风格，但外檐墙面、立柱均为清水红砖，充分运用地方材料，色彩显得明快而温馨。该建筑目前是天津市文物保护单位、特殊保护等级历史风貌建筑。

1938年，朝鲜银行天津分行自法租界中街迁至日租界旭街（今和平路）中原公司（今百货大楼）斜对面的新址营业。其高级职员则多住在日租界浪速街（今四平东道）与春日街（今河南路）交口西北侧的朝鲜银行天津支店宿舍里。抗日战争胜利后，国民党政府接收原日租界旭街朝鲜银行天津分行建筑，并安排农民银行天津分行于1945年12月17日在此营业。天津解放后，这座建筑长期作为和平路新华书店使用，曾经是全市最大的书店，由此亦足见昔日朝鲜银行的规模。20世纪90年代初，和平路新华书店经理张维平先生曾带笔者参观过该建筑的地下金库，当时金库大门仍然十分牢固。近年，该建筑已经恢复为书店，但是估计人们很难想象到这里原来是一家大银行。

天津四行储蓄会

2020 年，再现 1937 年淞沪会战后期四行仓库保卫战的电影《八佰》在全国热映，而作为影片中四行仓库保卫战的原址，上海的四行仓库也成为上海市民及游客的热门打卡地。四行仓库位于苏州河北岸，是交通银行与"北四行"（盐业银行、金城银行、中南银行、大陆银行的并称）于 1931 年建成的联合仓库。它是当时闸北一带最高大的建筑物，建造得十分坚固。2015 年，在仓库西部建成"上海四行仓库抗战纪念馆"。

"北四行"与天津近代史密切相关，四行储蓄会天津分会是天津重要的金融机构，也是中国北方金融实力的代表。"北四行"各有侧重而又强强联合，业务发展迅猛，在全国产生了重要的影响力。1923 年，盐业、金城、中南、大陆四家银行联合成立四行储蓄会，分设于上海、天津、汉口三处。四行储蓄会"保本保息，期短利厚，又分红利，营业独立，会计公开"的经营方式，得到社会广泛认可。四行储蓄会为展示雄厚的经济实力，从而吸引更多的投资，在上海建设了国际饭店，于 1936 年营业。国际饭店共 24 层，高 83.8 米，成为当时中国第一高楼，也是美国本土之外第一高楼。

四行储蓄会天津分会大楼坐落于英租界中街，今大同道与大连道之间的解放北路东侧，建于 1923 年。建筑整体三层，布局对称，混合结构，带地下室。这座大楼具有仿希腊古典复兴建筑特征，现为天津市文物保护单位、特殊保护等级历史风貌建筑。

　　无独有偶，与上海四行仓库一样，天津四行储蓄会仓库也发生过一件可歌可泣的抗日爱国故事。国宝金编钟原为庆祝清代乾隆皇帝

解放北路上的
天津四行储蓄会旧址

八十大寿而打造，共十六只，工艺和文物价值极高。民国建立后，逊清皇室为了维持庞大的生活开销，将编钟等文物抵押给盐业银行，后因无力偿还，归盐业银行所有，1932 年转至天津盐业银行。七七事变后，日本特务机关盯上了金编钟。天津盐业银行经理陈亦侯为保护国宝，联系四行储蓄会天津分会经理胡仲文，在 1940 年 4 月的一个夜晚，将金编钟秘密转移到四行储蓄会地下仓库，并用八吨烟煤末堆堵在门口。国宝躲过了多方追查，被安全保护下来。天津解放后，金编钟完好无损地回到故宫博物院，在珍宝馆展示于世人。

怡和洋行成路名

和平区东部，有一条大连道，东起台儿庄路，穿过解放北路，西至大沽北路。它形成于英租界初建时期，在早期的天津租界地图上看得十分清晰，但是找不到路名。在 19 世纪末至 20 世纪初发行的中、英文天津地图上，这条路被标注为 Kunan Cung Road，或 Kuanglung Road。一般天津历史著作都写现在的大连道旧时称怡和道，其实并不准确。这条路因坐落着著名的怡和洋行而被称为"怡和道"或"怡和路"（Ewo Road），当在 20 世纪 20 年代以后。

怡和洋行（Jardine Matheson，旧名"渣甸洋行"）实力雄厚，是远东最大的英资财团，在世界上有"洋行之王"之称。该行 1832 年在广州成立，1842 年将总公司从广州迁至香港，1843 年成立上海怡和洋行，1867 年正式在天津设立分行。天津分行第一任买办是梁炎卿，其财富居于天津四大买办之首。怡和洋行最初是做航运业务，主要以代理船舶为主，后来又增加了其他商务进出口项目。怡和洋行是天津早期四大洋行中最大的一家，不但有自己的打包厂、生产加工车间、仓库、码头，而且还拥有自己的船队和定期往返于天津至上海、广州的两条航线。此外，该行还代理英印轮船公司和亚洲轮船公司。英印轮船公司的轮船，自仰光经马来亚、香港驶达天津。

怡和洋行天津分行最初在英租界河坝道（今台儿庄路）办公，后迁至英租界中街（即维多利亚路，今解放北路）与今大连道交口东南侧。办公大楼原为带院落的二层砖木建筑。1921年，新的怡和洋行天津分行大楼（怡和大楼）拔地而起，二层混合结构，外观简洁而大气，大门两侧各有一棵科林斯式巨柱，具有古典主义特征。因其附近的麦加利银行等著名的银行大楼，以及更高的利华大楼，当时都尚未建成，怡和大楼非常显眼，成为当地一景，有人便将怡和大楼前面垂直于中街的道路称为怡和道。怡和，本是愉快和谐之意，用作路名，很快就被社会认可了。此路亦称英租界8号路，后来怡和道改称大连道，但怡和大楼至今保存完好。

大连道与解放北路交口的
怡和洋行天津分行旧址

利顺德曾译"礼查"

近年有天津文史爱好者在网上晒出一幅摄于 20 世纪初期的利顺德饭店照片，上面题有"礼查饭店"字样。很多人士认为，利顺德饭店并没有"礼查饭店"这个名称；但是据笔者查阅历史资料，利顺德饭店确曾叫过"礼查饭店"。

利顺德饭店是天津开业最早的著名外资饭店，也是中国开业最早的外资饭店之一。1863 年，英国基督教圣道堂牧师殷森德在海河西岸英租界创建了这座饭店。初建时是英式平房，被称为"泥屋""老屋"。1886 年，殷森德等人又集资将"泥屋"改建成一座具有英式古典建筑风格的三层豪华饭店，并将其命名为"利顺德饭店"（英文名称 Astor Hotel，或 Astor House

利顺德大饭店今貌

Hotel）。关于该饭店名称的含义，一直众说纷纭。据说是殷森德按照自己姓氏的中文译音命名的，并巧妙地把中国孟子的治世格言"利顺以德"蕴含其中。

在 20 世纪 20 年代前后，利顺德饭店曾有被称为"礼查饭店"的记录。如天津《大公报》1925 年 2 月 25 日就有报道，为庆祝美国首任总统华盛顿诞辰 193 周年，侨津美国人于 23 日晚上在"礼查饭店"举行盛大宴会和舞会，直隶军务督办李景林等中方高级官员，美国、英国、法国、比利时、瑞典、丹麦、挪威、日本等国驻津领事，以及各租界工部局要员等，共有四百多人参加。此外，上海《申报》自 1919 年至 1943 年对"天津礼查饭店"也多有报道。

至于有些人士认为利顺德饭店并没有"礼查饭店"这个名称，主要原因可能是他们知道上海有一家与利顺德英文名称一样的著名老饭店——礼查饭店（今浦江饭店），觉得两家大饭店的名称最好不要重复。其实，世界各地叫"阿斯达"（Astor）的饭店有很多，如希腊雅典、印度加尔各答、美国奥兰多、菲律宾马尼拉、瑞士苏黎世、意大利佛罗伦萨等地都有，其间没有连锁关系。"利顺德"和"礼查"只不过是两种译法而已。

天津沦陷时期，日本军队强占了利顺德饭店，并改名为"亚细亚饭店"。1952 年 3 月，利顺德饭店移交人民政府，随之更名为"天津大饭店"。此后的三十多年间，又相继使用"天津饭店总店""天津饭店"等名称。1985 年，随着其老楼改造的竣工，这座有百余年历史的著名老饭店恢复名称为"利顺德饭店"，英文名称亦恢复为"Astor Hotel"。

"泰莱"原名"来得乐"

在和平区解放北路与彰德道交口的西北侧,有一家美伦酒店,它所在建筑是原泰莱饭店大楼,始建于 1929 年,现为重点保护等级历史风貌建筑。

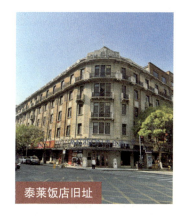
泰莱饭店旧址

泰莱饭店大楼由比商仪品公司设计,钢混结构,平面呈 L 形。一层采用通长的雨棚,与五层的通长外挑阳台相呼应,使建筑横向分为三部分。纵向矩形外窗用不同形式的扶壁柱分隔,三、四两层的转角处及两侧加设悬挑独立阳台,辅以铁艺护栏,下设牛腿支撑。外檐大面积为黄褐色麻面砖与水刷石方壁柱相间的装饰效果。二期建筑窗口采用古建中的叠涩收进手法,纵向内凹,形成三列,规整之中凸显挺拔。大楼整体具有典型的现代主义建筑特征。内部分设商业用房、写字间和公寓等不同功能楼层,布局完善,会客室、餐厅、厨卫间一应俱全,还配有奥的斯电梯,是天津早期高级饭店。

泰莱饭店的创办人是英国籍印度人泰莱悌和英国人莱德

劳。1929 年，泰莱悌与莱德劳共同出资建造了泰莱饭店。后来二人分道扬镳，泰莱悌买下莱德劳的股本，独揽经营权，并于1936 年在饭店北侧增建了一座与原有建筑相连通的六层大楼。

1941 年太平洋战争爆发后，侵华日军占领了泰莱饭店，一度更名为"新天津饭店"。1951 年，泰莱饭店成为矿业学院宿舍楼。1953 年由市政府交际处接管，改为天津大饭店第一分店。1970 年改名为天津第一饭店，曾长期作为天津专门接待华侨、港澳台同胞和外宾的涉外饭店。

关于这家饭店的名称，除"泰莱"外，还有"泰来"的写法。翻阅史料和故纸，发现"泰莱"一词极少出现，仅见于 1948年中央航空公司启事，标明该公司天津站办事处地址为"泰莱饭店三〇八室"。而"泰来"的写法更为常见，或与其汉语吉祥含义相关。一般认为，这家饭店以主要出资人的名字命名。其实 1929 年 11 月 30 日饭店开业时，《大公报》当天刊发消息的标题是《英中街来得乐饭店今日正式开幕》（英中街，即英租界中街，今解放北路）。消息内容为："英租界中街屈臣氏药房旁泰来大楼来得乐大饭店，定于今日正式开幕……该处地基为印度人泰来悌所有，后英人来得乐即拟于此地开设饭店，遂与泰来悌各出资二十万元，开始建筑……"可见，"泰来大楼""来得乐大饭店""泰来悌""来得乐"中的"来"字，皆无草头。饭店既名"来得乐"，更无加草头之必要。但因天津市历史风貌建筑保护铭牌采用"泰莱"的写法，近年出版的报刊图书大多随之，本文亦姑且随之。

法式"胜利联欢社"

  抗战胜利后，坐落在天津第一区中正路（今和平区解放北路）39 号的原法国俱乐部（又名"法国总会""法国球房"），成为盟国俱乐部。1946 年 7 月 14 日（法国国庆日），在此处成立了"胜利联欢社"。该社旨在促进"国际团结""友情合作"。该社实行会员制，会员按季收费。筹备委员会有六名会员，三名法国籍，三名中国籍。

  同年 9 月，胜利联欢社举办了为时两天的中美网球赛。第一天到场观众约有三百人，其中美军士兵及外籍观众占多数。比赛共三场，中方出场者有国际名手林宝华等。总结果成一面倒之势，中方全胜。第二天观众更为踊跃，有五百人左右。当第二场双打时，天津市副市长杜建时、美军陆战队司令赫华德少将相继而至。比

法国俱乐部及胜利联欢社旧址

赛终场，遂于场中颁奖。两天五场比赛，中方大获全胜。

至当年10月初，据胜利联欢社名誉秘书、法国驻津副领事梅福瑞介绍，该社已发展会员将近二百人，而报名者仍日有增加。该社设有网球场、台球房、纸牌室、图书馆、舞厅、酒吧等。其礼堂很大，可容七八百人。其台球房有英式球台两个、法式球台一个，会员打球每小时收费400元。图书馆有中外文书籍一万二千册，以法文书籍为主，还备有巴黎出版的报刊。此后，胜利联欢社还组织了每周舞会、桥牌比赛、乒乓比赛、音乐会、法国电影招待会及济贫募款等活动。

胜利联欢社延续了原法国俱乐部的功能，具有浓郁的法式风格，所以成为在津法国人进行社交活动的首选场所。1946年10月，为欢迎法国驻华大使梅理霭夫妇来津，法国驻津领事奚格瑞夫妇在胜利联欢社举行宴会，副市长杜建时、外交部驻平津特派员公署特派员季泽晋，以及美、苏、比、希腊等国驻津领事等均应邀参加。

由于环境适宜、交通便利，胜利联欢社也成为天津各界聚会的重要场所。1946年12月，燕京大学天津同学会约二百人在胜利联欢社举行联欢会，欢迎美国驻华大使、燕京大学原校长司徒雷登来津访问。此外，天津扶轮社、立信会计学校等也在胜利联欢社举办过联欢、交谊活动。

1949年，随着天津解放，成立仅两年多的胜利联欢社停止了活动。华北油脂公司曾在法国俱乐部旧址办公。1953年，此处成为天津青年宫。2010年，一家金融博物馆在法国俱乐部旧址开馆。2023年12月，这家博物馆停止运营。

百福大楼欲启航

解放北路北端东侧的百福大楼，造型极像一艘准备启航的舰船，停靠在海河岸边、解放桥头，体现了建筑设计者独特的创意，具有鲜明的象征主义表现风格。大楼以"百福"为名，也赋予它所引领的天津重要的解放路以吉祥通达的美好寓意。

1926年，百福大楼由比利时仪品公司法籍工程师孟德尔松设计始建。2009年整修百福大楼时，其竣工铭牌被重新发现，显示这座大楼建成于1927年。该楼原为集商业、办公、公寓式住宅于一体的综合性大楼。主体为钢混全框架结构，高五层，局部带地下室，建筑面积3973平方米。平面和立面均呈船形。檐部、顶部处理独特。檐部作断开式檐口，间以高突梯形山花相隔，间设天窗，均与折坡状屋顶相交。屋顶不同部位相应设置若干金属杆，用以装饰和避雷。该建筑目前是天津市文物保护单位、重点保护等级历史风貌建筑。百福大楼现为津湾广场建筑群的组成部分，在楼上的餐厅可以凭窗饱览天津站、解放桥一带的海河美景。

"百福"二字，音译于其法文名称"BELFRAN"，这个词是"比利时"的法文单词前三个字母"BEL"与"法国"的法文单词前四个字母"FRAN"的组合。因为百福大楼建造于法租界，

百福大楼今貌

它的拥有者比利时仪品公司则属于受法国直接控制的比利时财团体系。

百福大楼建成后，苏联保成保险公司、英商卜内门洋碱公司、美商亨茂洋行、惠通航空公司、日本华北农事试验场军粮城支场事务所等，都曾租用百福大楼办公经营。新中国成立后，百福大楼曾为天津市第二电子仪器厂办公楼。

1949 年 10 月和 11 月，京剧大师梅兰芳阔别 13 年后再次来津，在中国大戏院演出《苏三起解》《春秋配》《龙凤呈祥》《霸王别姬》等，轰动一时，黑市票价竟炒到高于原价十余倍。梅兰芳是 10 月 30 日晚上由京来津的，预定住在利顺德饭店302 号，可是一直到深夜，在饭店迎候他的戏迷们也没能等到他。原来梅兰芳一下火车就不声不响地就近住到了百福大楼，那里有他一位老同学家的公寓。有的记者闻讯后，还到那里采访过他。

各路"天仙"只余"东"

2020 年 5 月 19 日，天津市人民政府公布第五批天津市文物保护单位名单，位于河北区建国道的"东天仙戏园旧址"作为近现代重要史迹及代表性建筑入选，引发市民关注。

东天仙戏园及天宝戏院旧址

晚清以前，天津没有剧场，听戏要到茶园。在清代道光初年崔旭所作《津门百咏》里，就有"茶园七处赛京城，纨绔逢场各有情。若问儿家住何处，家家门外有堂名"这样的诗句。"茶园"，顾名思义，是以喝茶为主，兼有戏曲演出的场所，顾客们在此一边喝茶、听戏，一边会客、谈生意。茶园中的戏台为三面凸至观众席的伸出式。随着西方演艺理念的输入，为满足欣赏舞台演出的观众的需要，专门的"戏园"应运而生。光绪十六年（1890），东天仙戏园建成，地点在东浮桥（今金汤桥）迤东。津门早期戏园喜用"天仙"为名，如上天仙、下天仙、北天仙、西天仙、中天仙等，一时相习成风，彼此争胜。东天仙戏园亦以方位冠名。至1937年，各路"天仙"或早即湮没，或已易新称，硕果仅存且尚为人熟知者，只余东天仙一家。

东天仙戏园，一度又名东天仙舞台，初建时为砖木结构，上下两层，观众席楼上为两级包厢，楼下散座均为条凳，并实行男女分座，整个戏园可容纳千余名观众，这在当时的津城是绝无仅有的。1902年，奥匈帝国租界设立，在东天仙门前修筑了大马路（今河北区建国道），交通便利，当年红极一时的名角们竞相来此登台献艺。1931年，当时属于特别第二区的东天仙戏园因年久失修而被拆除，但却久不兴工复建，"以致影响地面，各业日见萧条"，市政府于同年8月8日特令工务局转饬该园房东义隆公司，务须依法建筑，不得违延，"倘不遵行，即不准其营业，并增其地亩税，以示薄惩"。同年，东天仙戏园完成重建，场内设有1300个座位，其内外格局基本保留至今。

东天仙戏园1931年重建后改名为"东方大戏院"，但很快又恢复旧称。1937年改名为"天宝戏院"，于5月28日重新开幕。1949年天津解放后，先后改名为"民主戏院""民主剧场""民主影剧院"，今为著名相声团体德云社天津分社使用。作为天津最早的剧场之一，也是同时期唯一一处仍基本保留原貌的剧场，"东天仙戏园旧址"确实是一笔值得珍视、保护和利用的历史文化遗产。

曾闻古庙战笳声

在和平区曲阜道与台儿庄路交口西南侧，海河西岸大光明桥引桥旁，有一座欧式古典风格建筑，它就是著名的大光明影院。大光明影院原

大光明影院今貌

名蛱蝶影院，建于1929年。影院位于永泰昌洋行旁，由泰莱饭店创始人泰莱悌和平安影院经理韦耀卿投资，新新公司经营。1934年，影院脱离新新公司，更名为大光明影院。1941年太平洋战争爆发后，大光明影院被日商华北影片公司接管。日本投降后，泰莱悌重获经营权，后因债务问题将影院出让给劝业场东家高渤海。高渤海成立了渤海影片公司，经营包括大光明影院在内的多家影院、戏院。1955年，影院改为国营。1957年，成为天津第一家宽银幕立体声影院。1965年扩建后，更名为海河影院。1982年，恢复大光明影院名称。1987年，在天津最早引进英国道尔贝电影光学还音立体声设备。

影院大楼为钢混结构，较少开窗。入口上方做大面积雨棚，

雨棚上有宝瓶式装饰栏板。沿曲阜道主立面采用六根方形扶壁柱，柱顶有横向云纹线脚相连。内部分三层，仿照当时美国主流影院的典型样式。座位共 1100 个，后排不断升高，以图减少遮挡，视野宽阔。该建筑现为重点保护等级历史风貌建筑。

1939 年 4 月 9 日，在大光明影院里曾经发生一起震惊中外的事件，青年爱国团体抗日锄奸团祝宗梁等潜入影院，用手枪击毙了正在观影的伪中国联合准备银行天津分行经理兼海关监督程锡庚。当时正在放映美国最新影片《贡格丁大血战》，这是一部讲述印度殖民地的故事片，影片中枪炮声起伏激烈，以至于祝宗梁开枪时，观众多未察觉，他得以脱身。后因英租界当局拒绝引渡刺客至日方，引起日军封锁英租界等连锁反应，刺杀案成为备受关注的国际事件，中外媒体给予大量报道。

美国著名影片《贡格丁大血战（Gunga Din）》，亦译《贡格丁》，又译《古庙战笳声》。当年《大公报》（香港版）即是采取后一种译法。该报是如此介绍这部影片的："……此部历史战事惊险侠艳巨片……以印度古庙风光为背景，游击活跃、炮队进攻等剧烈战景为烘托，描写号兵在庙顶吹笳，呼召救兵一段壮烈事迹……"中国东晋将领刘琨有"吹笳退敌"的传奇故事，影片《古庙战笳声》的译者很有可能是移用了这个典故。

应有尽有大罗天

喜欢天津历史文化的朋友，对"大罗天"这个地名应该都不陌生，但是很少有人能说清"大罗天"究竟是什么意思。

大罗天，本是道教语，指天外之天，即最高最广之天。道教认为茫茫宇宙有三十六天，而其他三十五天总系于大罗

大罗天游艺场及 20 世纪 50 年代
在其原址建成的天津日报社大楼

天。其他天都有限，而大罗天是无限且没有终极的。也就是说，到了这里，应有尽有，如入仙境。

1917 年，曾任天津海关道的广东中山人蔡绍基出资，在日租界中心地区宫岛街（今鞍山道）与明石街（今山西路）交口购买了一片土地，兴办了大罗天游艺场。大罗天占地 9400 平方米，为花园式综合游艺场，总体设计精美典雅，包括假山、水池、亭台、楼阁等。游艺场内建有剧院、露天电影场、杂耍剧院（演出曲艺、戏法等）、鹿圃、野兽间（饲养狼、熊、猴等）等，并建有熙来饭店（兼旅馆）、小卖部，备有烟酒点心和台球、套圈等赌博游戏。游艺场开办后，居住在租界内的清代遗老遗少、北洋军阀政客及洋人、买办多来此游玩消闲，尽情享受。当时天津上层社会中曾流传"进了大罗天，死了也心甘"的谚语，足见此地娱乐业之繁盛，娱乐设施之完备。京剧名家梅兰芳、程砚秋、杨小楼等均来此演出。

1925年后，大罗天杂耍剧院停业，大罗天经理遂把古玩摊聚集在一起，开设了大罗天古玩市场。大罗天古玩市场是20世纪二三十年代天津最负盛名的古玩市场，极盛时期共有大小古玩商店四十多家，字画古玩店有稽古斋、集粹山房、云山阁、古香斋、同好斋、辉云阁、道古斋等。1932年张大千到天津举办画展时曾在此作画，清逊帝溥仪也曾在日本人的保护下到此观光。

1944年，因要在大罗天开辟日军物资总仓库，字画古玩商们被迫迁往劝业场、天祥市场等处，大罗天古玩市场到此结束。而在此开辟的日军物资总仓库尚未完全竣工即因1945年日本投降而成为泡影。直至天津解放，这里仍是一片瓦砾。

20世纪50年代，在大罗天旧址上建成天津日报社大楼（现由和平区鞍山道小学使用）。20世纪90年代初，《天津日报》改版，兴办"北方周末"专刊，经老报人刘书申先生提议，将综艺副刊"周末"改名为"大罗天"，由笔者担任责任编辑。那时笔者曾在报社办公区张园旧址的花坛里见到过竖写的"大罗天"残碑。

大吉山庄古玩铺

20世纪二三十年代，在天津芦庄子附近的日租界旭街（今和平路）中心，开设有一家大吉山庄古玩铺，主要经营青铜器、古钱币、瓷器等，这里也是当时天津收藏界一处重要的交流场所。

大吉山庄古玩铺主人孙华堂，是有名的古玩商、收藏家，他与天津著名学者、收藏家罗振玉、方药雨、方地山、袁寒云等人过从甚密。蚁鼻钱，是战国时期楚国铸行的有文铜贝，其特征是上宽下窄，呈椭圆形，下端略尖，面凸起，背平素，面上铸阴文。钱文多见为"咒"字形或"紊"字形，诠释有多种，至今尚无定论。由于钱上文字形状像鬼脸，故也称为"鬼脸钱"。孙华堂收藏了大量的鬼脸钱，还担任了民间组织"老都魁鬼会"的"会头"。

天津成为中国古钱币研究的重镇，与大吉山庄等古玩铺、古泉店的收售经营有很大的关系。著名钱币收藏家和研究者郑家相，曾在20世纪40年代上海出版的《泉币》杂志上刊文回忆，有一天他路过大吉山庄，铺主孙华堂相招。他进店一看，累累皆齐刀也。齐刀，是春秋时期齐国铸行的刀形青铜币。当时大吉山庄有齐造邦六字刀、厺化刀等，共计六十余品，据说是陈簠斋（清代著名金石学家陈介祺号簠斋）旧物。郑家相遂以五百元尽收之，携归后细视之，以造邦刀背上字与化字传形者为最珍稀，即清代李佐贤名著《古泉汇》所载者。其余诸品，亦多已选入《古泉汇》。这些传承有绪而又能与著录相印证的珍贵的上古钱币，到了有学问、有见识的人手里，自然有利于钱币研究的提升。

天津文化善开新风，成为培养和成就大收藏家的沃土。郑家相曾在大吉山庄购得一枚清代咸丰重宝背满文宝济当百钱，铜色青黄，面文隶体，丰字左右各具星文。而以往所见咸丰宝济当百钱，铜色水红，面文楷书，丰字左右并无星文。郑家相便将这枚罕见古钱买下，后来转让给钱币收藏家张綗伯。张綗伯鉴于"北方南张"（指当时中国两位最有实力的钱币收藏家——天津方药雨与南浔张叔驯）大力搜泉，奇珍满目，自知难与他们匹敌，退而搜集清钱。当时清钱注意者尚少，物多而价廉，加之同好中藏有清钱者多方商让，没过几年他便成为海内清钱大藏家。

天津古玩店内一瞥

造币厂址挖"废铜"

　　1956 年 8 月底 9 月初,中华全国供销合作总社天津废品经营处的工人,在河北区中山路中国土产出口公司天津分公司土产挑选整理厂的院里,刨出上等的紫铜块四百多公斤,铜釉和铜土二十吨,废铁七百公斤,还有耐火砖三千多块。废品经营处加工储运科人员辗转找到了早年曾在天津造币厂做工的两位老人,根据他们介绍的情况,又从市人民图书馆查阅了历史资料,证明土产挑选整理厂正是原天津造币总厂东厂的主要熔铜车间,过去就从这里掘出过钢板、旧机器、铜块等。于是,废品经营处在征得对外贸易局和土产挑选整理厂的同意后,便动手在这里继续"开采宝藏"。

清户部造币总厂旧址

当时全国正在"大力开展增产节约运动",提出了"克服一切困难,让埋在地下的工业原料重见天日,支援工厂生产"的口号。1956年下半年,中华全国供销合作总社废品经营处淘铜组在天津造币厂旧址挖掘出铜土两千二百多吨,冶炼出一百四十多吨黄杂铜,总值二十六万多元。淘铜小组因为"生产成绩好",被评为公司年度先进生产组。1957年1月初到2月中旬,淘铜组又挖出铜土六百多吨,并由储运人员将其中一部分运到沈阳冶炼。

1957年3月,全国供销合作社废品采购工作会议在津举行,提出"动员各种社会力量把一切可以利用的废品都收购起来"。天津代表介绍了在天津造币厂旧址"挖掘遗弃物资"的经验,表示用这些"废铜"炼出的黄杂铜制造的电线,"可以架设从北京到广州的电话线路两条"。会议指出,清末以来各地曾建过不少造币厂,其遗址地下都可能埋着一些铜灰、铜土,而且含铜率很高,各地应该吸取天津的经验,依靠群众,调查研究,组织力量"挖掘废铜"……

天津造币厂是清末民初全国机制币铸造中心,是当时全国最大的机制币铸造基地和机制币祖模设计雕刻国产化的发轫地。这个曾经直属户部、度支部、财政部的大型央企,两度被认定为国家造币总厂,在中国近代经济史、金融史、文化史上具有无法替代的特殊价值。20世纪50年代在天津造币厂旧址大挖"废铜",固然是出于当时形势的需要,但却严重地毁坏了造币厂旧址遗存的实物和现场。历史地看,实在令人惋惜。

工人文化俱乐部

1950年，天津市总工会筹委会学习苏联工人俱乐部和文化宫的经验，结合天津的实际需要，创办了新中国第一个全市性的工人文化俱乐部。

1949年11月20日，天津市总工会筹委会发起组织的工人文化俱乐部筹备工作接近完

天津市第一工人文化宫旧痕与今貌

成，成立了俱乐部管理委员会，市总工会筹委会宣传部副部长王一达任代理主任委员。俱乐部设有戏剧指导组、电影摄影组、音乐指导组、文学美术指导组、体育游艺指导组、图书组等，对外指导各工厂、行业工人的文娱活动并组织巡回公演、放映电影、流动图书，在部内则组织工人戏剧、音乐、文艺等各种专题的讲座。俱乐部章程草案中规定：凡工会会员带有会员证者皆有享受该部一切文化娱乐及福利事业之优先权。工人文化俱

乐部选址在原意大利租界回力球场（今河北区民族路南段东侧），一楼为大剧场、运动馆、游艺室，二楼为图书室，三楼为办公室，四楼为小剧场、会议室兼音乐厅。此外，还开办了一个工人经济食堂和一个小卖部。俱乐部楼宇宽敞，总共可容纳五六千人。为便利工人们往来工人文化俱乐部，市公用局公共汽车管理处还特意将第十线（国民饭店至李地大街线）绕经俱乐部设站。

1950 年元旦，天津工人文化俱乐部举行了隆重的开幕典礼，市领导和工厂生产模范代表在发言中都表示，要把工人文化俱乐部办成真正的"工人之家""工人乐园""文化之宫"。1950 年春节，是新中国成立后的第一个春节，天津人民在工人文化俱乐部欢腾地过大年。春节五天时间，各工厂共演出大小五十余场话剧和歌剧，比赛了二十余场篮球。工人文化俱乐部文娱活动的逐渐开展，带动了全市各工厂、行业职工的文娱活动。参加该俱乐部戏剧、音乐、体育等表演的单位，即有一百七十余个。很多戏剧节目都是工人自己创作的，他们用艺术表演形式表现了新中国成立后天津工人新的生活和新的劳动态度。

1950 年 1 月，天津市总工会首届会员代表大会在工人文化俱乐部举行。同年 4 月，华北区海员工会会员代表会议在天津工人文化俱乐部举行。1950 年"五一"国际劳动节，成立四个月的天津工人文化俱乐部更名为"天津市工人文化宫"，即后来的天津市第一工人文化宫。

天津文艺俱乐部

20世纪五六十年代，在和平区新华路和平影院旁曾有一个"文艺俱乐部"，系由天津市文联、作协天津分会、音协天津分会、美协天津分会、剧协天津分会合办，为繁荣天津文艺作出过重要贡献。

天津文艺俱乐部坐落在繁华的劝业场商业区，其原址曾为法租界著名的永安饭店，它本身也是文艺界人士交流的一个重要场所，20世纪30年代张大千、吴玉如等书画大家曾在此举办过展览。1957年6月2

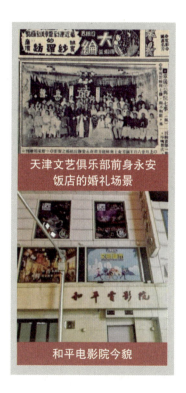

天津文艺俱乐部前身永安饭店的婚礼场景

和平电影院今貌

日是端午节，也是当时的"诗人节"，天津文艺俱乐部于当天晚上正式开幕。作家、艺术家欢聚一堂，谈笑风生，表演了丰富多彩的文艺节目。著名画家刘子久、李昆璞、姜毅然、刘维良、萧朗、黄士俊、任子青等当场合作了国画《百花斗妍》。

文艺俱乐部成立后，举办了很多全市性乃至全国性的展览，吸引了众多的文艺爱好者。俱乐部成立当月举办的天津市第三届国画展，在"百花齐放，百家争鸣"文艺政策的感召下，无论是老画家还是青年画家的作品都表现出自己独特的艺术追求。刘子久画的牡丹、陆辛农画的芍药、萧心泉画的八哥、张其翼画的双猿、萧朗画的布老虎、李昆璞画的松鹰、孙其峰画的白玉莲等，各显其能，各具风采。陈麟祥画的《长江大桥工地》等作品，则生动地表现了新中国的建设伟业。自 1957 年至 1965 年，俱乐部还举办了新年画展、王颂余等六位国画家联合画展、第三届全国版画展、全国少年儿童画展、天津市工艺美术展、刘奎龄画展、第八届全国摄影艺术展，以及叶浅予、陆志庠、邵宇、黄胄速写画展，四川汉画像砖拓片、绵竹年画和皮影展等。

除展览外，文艺俱乐部还举办了"星期音乐会""星期新歌教唱会"。1959 年 5 月在文艺俱乐部成立的"海河业余合唱团"，有一支 108 人组成的合唱队，是天津最大的业余合唱团。1962 年 6 月在文艺俱乐部成立了天津市古乐研究会，其骨干成员杨宝忠、李允中、姚惜云等，或擅长古琴、古筝、琵琶、箫等演奏，或擅长古乐理论研究，多有建树。

"文革"开始，天津文艺俱乐部停止活动。后来，在此址陆续设立了天津新闻图片社、天津美术展览馆等单位，天津市美术家协会、杂技家协会等也曾在此办公。

首座民族文化宫

天津市民族文化宫重建项目已于 2020 年初竣工，正式对公众开放。

坐落在红桥区西北角地区的天津市民族文化宫，是新中国兴建的首座民族文化宫。1956 年 11 月 8 日，天津市民族文化宫在针市街开始动工。1957 年 11 月竣工，12 月 1 日在富丽堂皇的民族文化宫大厦举行了隆重的开幕典礼。大厦门前挂红结彩，五星红旗迎风招展。在民族文化宫剧场内，矗立着一座以各色鲜花簇拥的毛泽东主席石膏塑像，迎面屏壁上张贴着用各民族文字写成的"中华人民共和国各民族团结起来"的口号。参加开幕典礼的，有本市及各区党政领导和来自各区的汉、回、满、维吾尔等 19 个民族的代表共一千多人。有关领导在讲话中指出，民族文化宫的任务，是

天津市民族文化宫旧痕及今貌

在党和政府的领导下，积极为繁荣少数民族的文化生活和提高少数民族的文化水平服务，并且要为加强与巩固各民族的团结开展活动。天津解放后，全市各少数民族在经济生活和文化生活上获得显著改善。"目前本市各少数民族不仅经济生活完全稳定并且有了提高，而且由于本市先后开办了民族小学、民族中学和民族医院，在改善少数民族文化生活和增进福利方面也有显著成果"。少数民族代表、满族相声演员赵佩茹也在开幕典礼上讲了话。为祝贺民族文化宫开幕，天津市京剧团演出了《钟馗嫁妹》《二进宫》《雁荡山》等著名剧目。

当时天津全市有八万七千多名少数民族成员。民族文化宫建筑面积为3300平方米，是一座三层楼房，建筑外观呈现出浓郁的少数民族风格。宫内有能容纳九百多名观众的剧场和图书阅览室、舞厅等，能同时容纳一千五六百人进行文娱活动。

民族文化宫开幕后，迅速开展了各种文化娱乐活动。1957年12月初，由朝鲜族、鄂伦春族、蒙古族、满族、赫哲族等10个民族组成的黑龙江省各民族参观团一行52人，在民族文化宫与天津市少数民族举行了联欢晚会。12月31日晚，民族文化宫灯火辉煌，来自全市各区的19个民族的四千多人，聚集在这里举行盛大的民族团结联欢会，共同迎接1958年新年。此外，民族文化宫还经常举办讲演会、报告会等。

2017年年底，天津市民族文化宫重建项目正式启动，于小伙巷与南运河南路交口进行移址重建。新宫建筑面积18000平方米，地上5层，地下2层，不仅面积大幅增加，而且条件大为改善。

下瓦房东风剧场

在今河西区下瓦房琼州道与大沽南路交口东南侧恒华大厦附近，原有一座小型剧场，名叫"东风剧场"，在观众中颇有名气。因在 2018 年天津市河西区人民政府下瓦房街道办事处编辑、天津社会科学院出版社出版的《河西原点下瓦房》一书中，对这座剧场未有专门介绍，所以笔者根据史料和亲历给予补充。

东风剧场，原名"新生戏院""新生剧场"，始建时间不详，但在 20 世纪 40 年代天津报纸上即刊有新生戏院的名字。在1953 年 10 月 11 日新生戏院的演讯上，刊有勇风剧社李兰舫、卢少楼、红牡丹主演的评剧《唐伯虎》《珍珠衫》。20 世纪五六十年代，天津市联合评剧团曾长期在此戏院演出。联合评剧团阵容齐整，主要演员有白派名家小月珠等，代表剧目有《潇湘夜雨》

东风剧场原址一带建起的恒华大厦

等，深受评剧爱好者欢迎。1959年3月，该剧团还与棉纺二厂业余评剧团在新生戏院合演了《井台会》，扮演李三娘的是棉纺二厂的一位摇纱女工，演员情绪饱满，唱做有力，赢得观众好评。

除评剧外，该剧场也演出其他剧种。在1961年7月新生剧场的演讯上，刊有天津市互助北方越剧团演出的《十五贯》《野火春风斗古城》《武大郎之死》，票价为"前排5角，后排计时"。相声名家张寿臣在新生剧场演出，离家较远，他腿脚又不便，坐不了公共汽车，只好雇车，一天两场，车费不菲，他便让儿子每天放学后乘3路公交车给他送饭，省了一份车钱。

1979年，东风剧场开始映出新闻科教影片，收到良好效果。1981年4月，东风剧场举办"银幕春游"电影专场，放映《桂林山水》《黄山奇观》《古城扬州》等彩色影片。同月，河西区文化馆邀请北京市宣武区皮影剧团到东风剧场进行专场演出。同年5月，东风剧场开辟复映故事片学生儿童专场，映出适合少年儿童观看的影片。笔者当时上初中，经常到东风剧场观影，记得该剧场票价较低，与一路之隔的下瓦房影院的票价大致是 3 比 5。

东风剧场与著名的鸿起顺饭馆、南华里副食店及 3 路公交车终点站相邻，地段繁华，交通便利，但它确实场地局促、设施陈旧。1989 年，东风剧场被努力扩大经营的鸿起顺饭馆租下，改造成餐饮场所。随着大沽南路的拓宽和下瓦房地区的改造，这座老剧场早已成为人们的历史记忆。

《大浪淘沙》外景地

　　1977年3月，被压制了十余年之久的电影《大浪淘沙》在全国首次公映，观众十分踊跃。该片在天津各影院上映时，观众反响尤为强烈，因为片中多处反映济南、武汉等地的外景都是在天津拍摄的。

　　《大浪淘沙》是珠江电影制片厂摄制的革命历史题材剧情片，由伊琳导演，于洋、王蓓、史进、刘冠雄等出演。该片根据朱道南的回忆录《在大革命的洪流中》改编，通过靳恭绶（又叫金公寿）、顾达明、杨如宽等青年知识分子在革命大潮中的追

电影《大浪淘沙》外景地之一——泰安道上的开滦矿务局大楼旧址

求、奋斗和分化，再现了大革命前后中国风云变幻的历史画面。该片 1963 年开拍，1965 年出品，其间剧组曾于 1964 年 5 月初来天津取景，而且多是重要场景。

影片中靳恭绶等四兄弟初到济南的镜头，是在天津东门里大街拍摄的。布景师把天津文庙过街牌坊上的"德配天地"字样，换成了"齐川春黛"，借以表现济南府城东门齐川门一带的街景。同时，在天津东门里大街旁的一些门脸房挂上了"济南公利钱局""义昌绸缎庄""泰安客栈"等招牌。济南公利钱局颇有名气，1924 年曾发行过纸钞。

1926 年底至 1927 年初，随着北伐战争的胜利推进，中国工人运动以前所未有的声势蓬勃开展起来。在工人运动的高潮中，发生了震惊中外的收回汉口、九江英租界的斗争。这是中国人民反帝斗争史上的光辉一页。收回汉口英租界的斗争，是影片《大浪淘沙》情节发展的高潮，外景地主要是在天津拍摄的，地点包括原天津法租界公议局大楼即当时的市人民图书馆门前、原天津英国俱乐部即现在的市人大常委会办公楼门前，以及原天津开滦矿务局大楼即当时的中共天津市委办公楼门前。其中游行场面声势浩大，群众演员多达数百人，剧组邀请了天津的文艺工作者、解放军战士、工人和居民参加拍摄。

在天津市人民图书馆门前拍摄的那场戏，表现的是靳恭绶等几名青年在武汉的江汉关遇到已经成为国民革命军军官的老师赵锦章。江汉关大楼作为远景，其模型搭设在图书馆西南侧海关胡同的位置上。从这部影片还可发现一个细节，图书馆门前承德道两侧那些硕大的法国梧桐树在 1964 年并未栽种。

天图也是文教馆

和平区承德道 12 号原法国公议局大楼，建成于 1931 年，在近代天津各国租界统治机构建筑中，是现存规模宏大、艺术水准高超、保存最好的西洋建筑。在其九十多年的历史中，有四十多年是作为公共图书馆使用的。

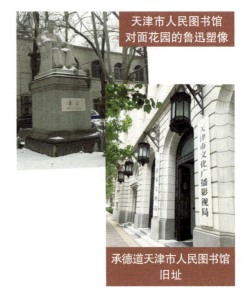

天津市人民图书馆对面花园的鲁迅塑像

承德道天津市人民图书馆旧址

抗战胜利后，天津热心文化事业的各界人士倡议建立一座大型图书馆。1948 年 4 月，国民党市政府将承德道原法国公议局大楼拨交天津图书馆作为馆舍，并局部开馆。

1949 年 1 月 15 日天津解放，天津图书馆由市军管会文教部接管。仅仅过了一个月，就于 2 月 15 日正式开馆。该馆添购了大批图书，开放普通、工程、儿童、杂志、报章五个阅览室。开放时间为每日上午 9 时至 12 时，下午 1 时半至 5 时，星期日照常开放，星期一闭馆。

由于具有优越的地理位置、安全的政治环境和良好的文化氛围，天津图书馆不仅为广大市民提供了日常借阅书刊服务，而且很快成为全市文化、教育活动的中心。

开馆后举办的第一项文化活动，就是自 1949 年 2 月 27 日起，华北军区政治部画报社与华北大学美术工作队联合举办"年画木刻照片展览会"。包括著名木刻家古元、彦涵、胡一川、马达、力群、罗工柳作品在内的三百余幅木刻和照片，均是表现解放区人民生活和人民革命战争场景的。4 月 12 日，市军管会文教部文艺处与华北总工会驻津办事处宣传部在天津图书馆召开座谈会，研究更进一步开展工人文艺活动。文艺处处长陈荒煤、副处长周巍峙，总工会宣传部长王林等讲话。仅开馆后半年间，还举办过"创作与演奏"音乐座谈会、《天津工人报》筹备创刊座谈会、"抗战以来的共产党和国民党"演讲会、"略谈研究历史的方法"演讲会等活动。

仅看开馆后半年间的教育活动，也是丰富多彩。1949 年 6 月 5 日，教师代表在馆里举行座谈会，庆祝天津解放后第一个教师节（当时尚延续民国时期的"六六"教师节）。6 月 14 日，市中小学教职员联合会为求会务积极开展，迁入天津图书馆三楼新会址办公。6 月 26 日，天津市专科以上院校教职员第一届代表大会在馆里开幕，南大、北洋、冀工、女师、津沽、冀医、水专、体专、育德、达仁十单位教联员代表参加，市军管会文教部部长黄松龄讲话。此外，天津图书馆还开办了俄文班、夜校等，很受市民尤其是青年读者欢迎。

彩画梵音天纬路

　　天纬路，为 20 世纪初直隶总督袁世凯在天津主持北洋新政时期所修建。当时为了全面开发河北新区，修筑了一条连接新车站（今天津北站）到直隶总督衙门（今金钢公园）的大道，始称新修马路（后称大经路，即今中山路），路西自南至北先后开筑了天、地、元、黄、宇、宙、日、月、辰、宿、律、吕、调、昆等十几条纬路。天纬路居诸条纬路之首，也最为有名，主要因为在这条不长的马路上坐落着两组有名的建筑群。

天纬路今貌

天纬路东端的天津美术学院，是中国"八大美院"之一。其前身是 1906 年由教育家傅增湘创办的北洋女师范学堂，1910 年迁至此址。邓颖超曾在此就读，曹禺曾在此任教。1949 年后，学校经过多次调整、易名，经历了河北师范学院、河北天津师范学院、河北艺术师范学院、河北美术学院、天津艺术学院等，1980 年正式更名为天津美术学院。校园虽然不大，但却有几座保存完好的老建筑。

笔者年轻时是文化记者，经常到天津美院采访，去过萧朗、王之江、王双成、贺建国、吕云所、韩文来、霍春阳、王家斌等著名画家、雕塑家的工作室或宿舍。采访后赶上饭口，就在王麦杆、张蒲生教授家吃饭。有一次我到何家英教授的工作室，他手里没有自己的画册了，就带我串了天纬路上的几家美术书店，买了好几种他的画册送给我。看美院教授们画画，是一种享受，让人觉得生活本来就是五彩缤纷的。

天纬路西侧的大悲禅院，是天津现存规模最大、历史最为悠久的十方丛林寺院。始建于清顺治十五年（1658），康熙八年（1669）扩建。康熙十八年（1679），世高禅师与多位津门名士以大悲禅院为依托，建立草堂诗社，成为当时文化交流的重要场所。同治十一年（1872），直隶总督李鸿章曾定寺名为大胜寺，并修建五层镇海楼。1942 年，倓虚法师主持扩建寺院，几年中在寺院东侧陆续建成天王殿、大雄宝殿、大悲殿和配殿等，使寺院初成东、西格局。1954 年，市政府拨款重修，并由天津市文史研究馆馆长、著名书法家王襄题写篆文"古刹大悲禅院"寺额。1956 年，开辟"弘一法师纪念堂"，以纪念这位天津出生的著名佛学家。1982 年前后，市政府拨款修缮，增建新山门。1986 年正式对外开放。大悲禅院因在 1945 年至 1956 年供奉过唐代著名旅行家、翻译家和佛学家玄奘法师舍利而负盛名。在 1955 年举行的万隆会议上，印度总理尼赫鲁向周恩来总理致意，希望迎请玄奘部分灵骨。周总理亲自征询中国佛教协会等各方意见，遂将供奉在大悲禅院的玄奘灵骨移至玄奘曾经留学和讲经的印度那烂陀寺。

"大悲旧院几重修，朱记初碑可尚留。欲向窨洼寻故迹，芦花野水四围秋。"这是清代诗人崔旭在他的《津门百咏》中对历经沧桑的大悲禅院及周边空旷幽静的自然景象的描绘。如今，大悲禅院周围高楼林立，热闹非凡，我因参加天津市李叔同——弘一大师研究会会长办公会走进这座古刹时，眼见殿堂俨然，耳闻梵音清澈，深有"闹中取静"之体会。

美术之街地纬路

地纬路，位于天纬路的北面，它既没有天纬路长，也没有天纬路宽。天津美术学院坐北朝南，其正门在天纬路东端，后门则在地纬路东端。天纬路东口与地纬路东口之间的中山路上，坐落着现代风格的天津美术学院美术馆，这是天津美术学院最气派的建筑。

地纬路东端的过街牌坊

天津美院靠近地纬路一侧曾有一座四层的造型普通的红砖楼，俗称"后红楼"，美院很多教授都在这座楼里有一间自己的工作室。无论是国画、西画还是雕塑，各种美术创作都需要一定的空间，过去美院教师宿舍紧张狭仄，"后红楼"里的几十间工作室为艺术创作提供了良好的环境，功不可没。还有一座天津市工艺美术设计院，也曾设在地纬路。

改造后的地纬路，依托于美院的特殊艺术氛围，成为一条书画步行街，也可说是一片城市文化与公共艺术创意产业区。从街道景观看，这条小马路在天津确实是最具艺术风味的。步行街两侧底商，多是大大小小的艺术馆，有的以美院的著名教授命名，实际上就是画廊。稍小一些的门面，则是经营绘画工具、美术图书的店铺，里面柜架上都是画笔、颜料、宣纸、画板、石膏像，还有绘画技法书等。每年艺术类院校招生考试期间，全国各地众多的考生聚集于天津美术学院，地纬路"地利"凸显，这一带的民房形成"艺术村"，美术培训班招收学员的小广告随处可见。

地纬路东口，面临中山路，立有一座砖雕牌楼，上面镌有金色隶书"经纬天地"。往西与三马路交口处，也立有一座牌楼，两面分别镌有"丹青神韵"与"翰墨风华"。街道两侧房屋立面，突出天津清末民国时期青砖建筑特色。走进东口，可见一座李叔同——弘一法师雕像，形象潇洒，衣纹飘逸，兼具西方造型观念与东方写意神韵，体现了天津海纳百川的文化胸怀。雕塑的作者梁选玲早年毕业于天津美术学院，后在日本留学。

地纬路一带原有袁世凯之子、民国四公子之一袁克文的居所，今有"一鉴楼"推出"袁府家宴"。

女一中的 "居里社"

1950 年，在天津市立第一女子中学（简称 "女一中"，今海河中学）里，曾设有一个当时十分著名的学生物理研究社团 "居里社"。社员都是初三学生，共有三十多人，由该校物理教师黄瑞诚担任指导教师。

女一中是天津历史名校，物理教学很有传统。在今海河中学校史馆（教育展览馆）中，展示着一批物理课堂实验器具，它们是女一中前身德华中学时期留存下来的教学文物，距今已逾百年。女一中物理研究社团取名 "居里社"，是因为该校为女校，而居里夫人又是世界上最有成就的女科学家。居里夫人（1867—1934）是波兰裔法国籍科学家，她开创了放射性理论，发明了分离放射性同位素的技术，发现了两种新元素——钋和镭。她是第一位获得诺贝尔奖的女性，也是第一位两次在不同领域获得诺贝尔奖的人，还是唯一一位两次获得诺贝尔奖的女性。1903 年她和丈夫皮埃尔·居里等一起获得诺贝尔物理学奖，1911 年她获得诺贝尔化学奖，后来在 1935 年她的女儿、女婿也一起获得诺贝尔化学奖，居里夫人与女儿成为唯一一对获得诺贝尔奖的母女，居里家族成为诺贝尔奖得主最集中的家族。当时苏联、中国等很多国家有志于科学研究的女青年，都将居里夫人当作自己的榜样。

"居里社"设在女一中的物理实验室,同学们另找了一间小房子布置成洗像的暗室。活动时间定在大家都没有课的每周三下午。"居里社"曾经组织同学们制作望远镜、收音机、小电动机、水车,观察月食,做各种试验,还给学校安

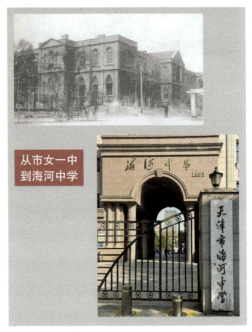

从市女一中到海河中学

装电线。通过这些活动,一方面使同学能够把科学知识应用到实际中去,另一方面也培养了同学钻研的能力和对劳动的热爱。

同学们还"出版"了《居里学报》,实际上办的是壁报,但是有很多读者。《居里学报》时常摘录《科学画报》上的一些文章介绍给同学们,同时提出了许多有趣味的问题,例如:"冀北电力(该校隔海河即为发电厂)的烟囱冒黑烟与冒白烟有何区别?""防空帘为什么里面用红布,外面用白布?""如果你的鞋穿着合适,为什么当你洗完脚后再穿时就觉得紧呢?""居里社"的活动办得有声有色,多次得到上级教育部门和共青团组织表扬与宣传。

"南大""南开"看语境

目前全国高校简称为"南大"的，除了南开大学外，还有南京大学和南昌大学。南京大学历史悠久，前身为国立中央大学，曾以"中大"作为简称，而该校更名为"国立南京大学"时，已是1949年。故在此之前提及"南大"时，一般指南开大学。南昌大学则至1993年方才组建。南开大学创立于1919年，称"南开学校大学部"，1921年更名为"私立南开大学"，彼时以"南大"或"南开"代指南开大学的情况均有出现。

南开大学与南京大学两所著名高校，在悠久的历史、优良的科研水平和相当数量的杰出校友等方面，有许多相同之处；但在使用"南大"作为简称的相关语境中，自然会产生歧义。20世纪80年代开始，伴随高等教育飞速发展和学术交流日益密切，以"南大"作为南京大学简称的语言习惯，逐渐传播到全国；与此同时，在相关的语境中，南开大学的简称也开始趋向于"南开"。

但在天津及周边地区，南开大学迄今仍时常被简称为"南大"，这与本地语境有很大关系。1951年，北洋大学与河北工学院合并，更名为天津大学。在此之前，南开大学与北洋大学作为天津高等院校的一对代表，有"南开""北洋"的习惯性简称。1951年后，两校被习惯合称为"天大南大"或"天南大"。

南开大学明信片、
纪念邮票及校园今貌

1956 年，南开大学坐落的行政区域被定名为"南开区"，南开区名又与南开大学校名同源，此时称"南大"，是为与南开区进行区分。南开大学与南开中学同属南开系列学校，共同提及时，过去媒体上便称为"南大""南中"。

相对于全称而言，简称在削减原有文字的同时，不可避免会在语义指向性或使用范围上造成变化。如"华师"一词，在广东、湖北和上海地区，就常会出现华南师范大学、华中师范大学和华东师范大学的不同理解；另如"山大""河大""湖大"等名词，都存在一定程度上的本地化指代。

"南开"作为南开大学的简称，已被写入本校章程中。命名方式上，"南京大学"为地名型，如北京大学、天津大学，此类学校多取首字和"大"字相连作为简称；而有特定意义的校名，如清华大学、复旦大学，简称多取前两字，南开大学即属于后一种。至于南开大学简称为"南大"还是"南开"，要依据具体语境进行选择，以不产生歧义为原则。

乐园灯会闹元宵

近些年，天津元宵节活动越来越丰富多彩。佳节赏灯之际，不禁回忆起当年的乐园灯会。

1985年6月1日，天津市青少年儿童活动中心在河西区尖山公园旧址建成并正式对外开放。1994年开始启用"天津乐园"名称。1996年春节期间，自正月初一至十六，团市委、河西区人民政府等主办，天津乐园、河西区文化局等承办了天津乐园灯会暨文化庙会，安排了100组大中型工艺灯和2000盏彩灯的大型灯展，以及融民间花会表演、文艺联欢与风味小吃、食品、年货展销为一体的文化庙会。乐园灯会中，有弥勒佛灯笑口常开，财神灯祝观众招财进宝，观音灯祝观众心想事成，京剧人物灯千姿百态，连年有余灯充满喜庆，寿星灯祝老人健康长寿，卡通灯祝孩子活泼聪明，还有生肖灯、脸谱灯、门神灯、金龙灯等，异彩纷呈。开幕式上，天津京剧院和天津艺术交流辅导中心的著名演员表演了京剧《三岔口》和《坐宫》，赢得观众阵阵喝彩。

此后，乐园灯会暨文化庙会逐渐成为天津春节群众文化活动的主要内容之一。在1998年春节的乐园灯会上，由天津市民间艺术品公司精心制作的三千余盏各式彩灯令人目不暇接。

"四大天王""彩虹腾灯""迪斯科""杂技团""龙舟"等彩灯，妙趣横生。宜兴埠的威风锣鼓、咸水沽的高跷、越秀路街的秧歌等表演，也为庙会活动增添了情趣。1999年的彩灯，则呈现了题材新、形式新、技术新等特点。大型彩灯中，

近年灯会市集售票亭

有表现庆祝天津解放50周年的灯组"欢庆锣鼓"，有颂扬祖国繁荣昌盛的大型灯组"满园春"，有展示改革开放建设成果的巨型走马灯"天津新貌"，另外还有反映天津民间传说的长18米、高6米的特大型献礼彩灯"哪吒闹海"灯组，以及"飞天""玉兔迎春""灯画"等传统题材的灯组。这些彩灯不仅构思巧妙，做工精美，而且多数还采用了声、光、电控装置设备，彩灯中的人物、动物能随音乐做出各种有趣的动作。

2009年，因建设天津市文化中心，天津乐园结束营业。连续举办十余年的乐园灯会，留下了一些特殊的入场券。如1997年彩灯庙会票，在票面中心印有24米长的大型龙舟灯，成为当年庙会最大看点。票面设计喜庆，烘托出庙会期间的文艺表演、焰火燃放、灯谜竞猜的热闹气氛，令人回味。

集邮公司门市部

　　1955 年 1 月，中国集邮公司在北京成立。该公司是为满足广大集邮爱好者的需要、丰富市民文化生活、促进国际文化交流而设立的。各地分公司随即成立，天津分公司门市部设在和平路与哈密道交口、"四面钟"对角的门脸房里，地处繁华商业中心，有利于开展国内外邮票零售业务，每天顾客盈门。

　　天津集邮公司门市部的营业厅宽敞明亮，周围的玻璃橱窗里陈列着五颜六色的各种邮票。门市部开业之初，主要经销新中国成立以来发行的纪念邮票、特种邮票、普通邮票、美术明信片等，也经销苏联邮票，并且逐步增销波兰、匈牙利、捷克斯洛伐克、保加利亚、蒙古人民共和国、德意志民主共和国等人

近年在天津兴起的
主题邮局

民民主国家的邮票。纪念革命导师马克思、恩格斯、列宁、斯大林及杰出的文学家、科学家如鲁迅、祖冲之等的纪念邮票，记载重大历史事件的邮票，反映祖国文化遗产和社会主义建设的邮票，尤受集邮爱好者欢迎。

中国邮票诞生于津门，近代以来天津一直是集邮大埠。集邮公司门市部的开办，促进了全市的集邮活动，很多学生、战士和工人对集邮产生浓厚兴趣，不少学校还建立起学生集邮小组，通过集邮活动更好地了解历史、地理、文艺等方面的知识。集邮公司在第一工人文化宫、市少年宫、艺术博物馆、天津大学等单位举办过十多次邮票巡回展览，收到很好效果。1957年11月，苏联邮票展在天津集邮公司门市部举办，展出有关苏联经济、文化成就和卫国战争等纪念邮票211套，并现场出售部分苏联邮票。展期两周，参观者、集邮者络绎不绝。

据1962年10月统计，天津全市集邮爱好者共有一万多人。集邮公司门市部平均每天要接待上千名顾客，平均每月售出各种邮票25万套。著名妇产科专家林崧虽然工作较忙，但仍抽出时间集邮，经常光顾集邮公司门市部。他搜集的近代以来的中国邮票和各社会主义国家的邮票达四万多枚，其中包括医药卫生和人造卫星两个专辑。有的集邮爱好者还写了中国邮票史和中国邮戳史等专著。1961年在匈牙利布达佩斯举办的国际邮展上，天津第二十九中学地理教师白金林以他的《俄罗斯和苏联地方邮政机关发行的邮票》和《新中国纪念特种邮票的版式》两部邮集参展，获得铜奖，被认为是中国参加世界邮展第一人。

淘宝圣地沈阳道

沈阳道是和平区一条既不长也不宽、根本不起眼的小马路，但是它的知名度不仅在天津而且在全国都是响当当的。

天津的沈阳道闻名全国，就是因为这里曾经有一个超大型的古玩旧物市场。天津的沈阳道古物市场是改革开放后全国最早成立的古物市场，也是全国最大的古物市场之一。"天津的沈阳道，北京的潘家园"，人们往往相提并论，同是淘宝者的圣地、收藏家的乐园。沈阳道是中国北方特别是河北、山东、山西、河南、内蒙古、陕西、辽宁等省区的古物集散中心，安徽、江苏、浙江、江西等南方省份的古玩经营者也纷纷到这里大发财源。沈阳道古物市场经营陶瓷、家具、钟表、钱币、字画、文房四宝及各类工艺品，大小新旧货色齐全。

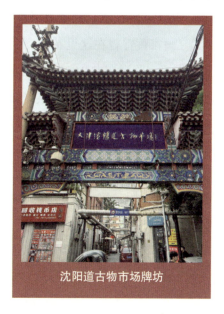

沈阳道古物市场牌坊

沈阳道古物市场固

定的店铺和摊位每天都营业，以每周四上午最为热闹，因为这一天中国北方各地的古物经营者多聚集于此进行交易。每周五，这些经营者逐渐向北京转移。每周六和周日，他们聚集于北京潘家园旧货市场进行交易。沈阳道的东西价位低，高峰期又早于北京，北京的古玩爱好者也"舍近求远"，专门开车来天津交易。天津沈阳道古物市场最热闹的时候，店铺和摊位多达数百个，来此交易和观赏的收藏爱好者多达数万人，摩肩接踵，熙熙攘攘。

沈阳道市场就像一个"跳蚤"市场，以地摊经营为特点，林林总总，五花八门，诱人光顾，魅力无穷。由于集市买卖随意开放，交易气氛融洽平和，所以总是热热闹闹，其中不乏一试身手来"捡漏儿"或"练眼"的收藏爱好者。这里的确有价钱实在的小玩意儿，若碰上只为做点小本生意的摊主，买价更好商量。

中外很多收藏家和爱好者都在沈阳道觅过宝，捡过"漏儿"。画家黄胄曾在这里花70元买到一对黄花梨木的清代笔筒，指挥家陈燮阳花1000元买到一件黄花梨木透雕如意，作家冯骥才买过很多印药房包装纸用的小印版、杨柳青年画的画版，都爱如珍宝。日本音乐家铃木吾郎到天津讲学，他在沈阳道买了两个红木定音管，十分满意。民俗专家、收藏家张仲在世时，常来这里为朋友们鉴别古物……

目前沈阳道古物市场依然保留着一些固定的店铺和摊位，而周四的古玩大集已经移至南开区鼓楼西侧的天街古玩城了。

辽宁路文化市场

1985 年，在劝业场商业繁华区，滨江道与哈尔滨道之间的辽宁路两侧，外贸大楼、市文物公司艺林阁门市部和惠中饭店大楼旁边，开设了一个约百米长的文化市场。辽宁路文化市场开业后，每天都有如潮的人流在十多个商亭、三十多个摊位周围转动，挑选着可意的新潮图书、时装杂志、麻将牌、礼品卡、花灯、玩具、工艺陶瓷和健身球。在这里，人们会感受到与在古文化街和一般小商品市场不同的时尚文化氛围。

20 世纪 80 年代后期，中国社会正处在由计划经济向市场经济的转型时期。随着物质生活水平的提高，人们越来越注意生活艺术化。辽宁路文化市场在引领文化消费，满足广大市民尤其是青年人知识性、娱乐性、观赏性需求方面，发挥过重要作用。当

近年在天津涌现的新型文化市场

时天津新华书店里新到的时装杂志，里面的时装式样要比上海、广州晚半年，有的已经过时，而辽宁路书摊上的时装杂志则直接从广州、上海空运而来，满足了时尚女性的急需。再如各种镂花工艺的打火机，货源来自南方，在辽宁路卖得很俏，而这些商品当时在天津的国有商店里还没上柜台。

传统观念，只有像景泰蓝、字画、仿古青铜器和笔、墨、纸、砚才算文化用品，而辽宁路文化市场的经营者们逐渐发现了"文化用品"的真正含义，于是引进了大批观赏性与实用性兼备的商品。夏季，一位摊主发现雕花檀香扇销路畅通，马上引进一批，顾客乐于用这种工艺品馈赠亲友，一抢而光。书店和集邮门市部只在新年时才出售贺年片，而这里却常年备有礼品卡、情人卡、友谊卡、生日卡和祝寿卡，一年四季，常销不滞。1992年，墨西哥电视连续剧《叶塞尼娅》热播，也为津城带来了浓郁的吉普赛风情，极富异国色彩的吉普赛手镯、腰链、挂件等十分走俏，成为爱美姑娘们身上最时髦的装饰品。

1999年3月，滨江道步行街改造全面展开，辽宁路文化市场完成了历史使命，与邻近的滨江道服装市场、山东路服装市场、新华路食品夜市、滨江道百货夜市等一起正式闭市，814个摊位开始拆除，逐步退路进厅。二十多年过去了，当年的前卫早已不再新潮，但一定还有不少中年朋友能够忆起那些年在辽宁路摊摊亭亭间体验过的时尚文化生活。

银杏广场书香浓

说起银杏广场，大家都很陌生，但其实天津很多市民都去过。银杏广场位于古文化街宫北大街东侧文化小城东南部，它的南部通过杨柳青画店旁边的过道与天后宫的宫前广场相连，它的东部有一座栅栏门直通海河边。这个广场是古文化街大规模改造时开辟的，规模不大，但足可以容纳几十个摊位。广场周围是天津旧书店最为集中的区域，目前仍有旧书店、连环画书店十余家。因广场一隅生长着两棵高大健硕的银杏树，所以命名为"银杏广场"。

曾经有十几年，每逢周六、周日上午，银杏广场及附近区域便成为收藏爱好者的宝地。众多的旧书刊、连环画、钱币、票证地摊儿，品种丰富、物美价廉的收藏品，不仅吸引了本市市民，而且招来大量外地乃至外国的旅游者。各地著名学者、藏书家，如上海的陈子善、南京的薛冰、北京的安武林、成都的朱晓剑、包头的冯传友、株洲的舒凡、西安的崔文川、新泰的阿滢、沁源的杨栋等，都曾多次来此淘书，颇有收获，十分满意。2018年9月1日，为满足市民读书交流需求，搭建读书人交流平台，打造老城文化、民俗文化载体，建立以书会友基地，本着政府扶植、企业运营、管理有序、环境整洁的原则，古旧图书交

古文化街文化小城银杏广场书摊

易会在银杏广场开市。每个摊位都统一配发了用于摆放图书的红色布毯，每位摊主都佩戴一个贴有本人照片的工作证。从此，这里成为名正言顺的书香之地、淘宝乐园。

当年我几乎每周都逛银杏广场地摊儿，每次都淘到很多自己喜欢的旧书、钱币和票证。我曾以一元钱淘得一册百花文艺出版社1981年出版的周汝昌《曹雪芹小传》毛边本，也曾以远远低于市场价格的价钱买到一枚德属东非1898年1卢比银币。我还与很多藏书家、收藏家在此交流收藏经验，探讨研究心得。像倪斯霆、侯福志、由国庆、冯智强、张辉、万鲁建、李鸿钧、李卫兵、师健英、李凤池等十几位知名书友、连友、泉友，我们之间常把会面的机会安排在这里，边逛摊儿边聊天儿，既收获藏品，又促进友情。

银杏树生长缓慢，然而生命极长，是树中的老寿星。我们多么希望银杏广场的古旧书市能像广场上那两棵茁壮茂盛的银杏树一样，持之以恒，健康成长，书香浓郁，越办越好啊。

英法联军有疫情

在第二次鸦片战争中，英法联军于 1860 年 8 月 24 日占领了天津城。在英法联军占领天津期间，担任英国驻华公使馆医生兼法国驻华公使馆医生的英国军医大卫·伦尼一直坚持记日记，留下了一些颇有价值的史料。英法联军在侵华过程中发生了霍乱、疟疾等疫情，这在大卫·伦尼的日记中有所反映。

1860 年 8 月 18 日，在攻占大沽口南炮台的英军第一师营地，发现有一个人感染上了亚洲霍乱。这个人是巴里炮兵团的一名士兵，他本来体格就很差，经常看病。霍乱这种病在几个小时内就能致人死亡。同一天，在两三英里之外的塘沽，第六十七团的一名士兵也感染了同样的疾病。在一万多名官兵中只发生了两个病例，所以大卫·伦尼在日记里写道："看起来非常有限的霍乱传染病好像忽略了这一地区"。由于疾病没有再发生传播，他认为"所有用卫生预防措施阻止传染病流行的想法都是非常荒谬的"。驻扎在塘沽

预防霍乱

的联军一直都生活在恶臭难闻的空气中，在第一师的营地，军人们整天吃着从附近繁盛的果园和品种丰富的菜园搞来的还没有成熟的水果和没有经过加工的蔬菜。

同年 10 月 22 日，在乘船将经由大连湾到达天津的 260 名海军陆战队队员中，有 30 人被列入病员名单。他们所患的疾病，通常被视为疟疾。主管医官告诉大卫·伦尼，这些病员相比四天前他们在上海时症状加重了。大卫·伦尼认为，这种变化显然是由于疟疾流行地发生了变化，加上相比较而言完全相反的气候条件，对健康产生了不利的结果。

侵占天津后，英法联军患病和死亡的人数很多。至 1861 年岁末，英国军队每千人中就有六七十人死亡，比例相当高。但是大卫·伦尼发现，来自印度的锡克士兵都很健康。他们从不得肺病，他们主要的疾病就是短暂的发烧。他们也从不患天花。虽然他们只有大约一半人接受了免疫注射。

大卫·伦尼的部分日记被收录于刘海岩、任吉东主编的《近代外国人记述的天津》（天津人民出版社 2018 年 4 月出版）中。大卫·伦尼作为英法联军中一名有信息、有见识的高级医生，他写的相关日记对于研究天津疫病及其防治史具有重要的参考价值。

解放之初抓防疫

1949 年 1 月天津解放，全市百业待兴，新成立的天津市人民政府将防疫工作置于重要地位，积极推动，并且卓有成效。

传染病报告

1949 年 3 月下旬，市人民政府卫生局针对天气渐暖、传染病极易流行的形势，及时制定了夏令防疫工作计划。市卫生局为普遍照顾市民健康，陆续在各区设立卫生事务所，其中建成的第四卫生事务所在八区北门东展家花园 3 号，第五所在四区郭庄子学堂大街 25 号，第六所在五区九经路 66 号。夏季霍乱、伤寒等传染病极易流行，为保障市民健康，市卫生局自 5 月起积极开展防疫工作，举办了防疫宣传周，除张贴标语、分发防疫手册及委托各区街政府直接向市民宣传外，还先后在各区民教馆举行了十次防疫卫生讲演,每星期六、日在人民广播电台做专题讲座。除责成各市立院、所及私立医院诊疗所免费为市民注射霍乱、伤寒疫苗外,还组成16个临时防疫工作队,分赴各区,有重点地进行注射(有些大工厂、学校在领取疫苗后自行注射)。据不完全统计,全市5月份共注射十五万余人次。此外,市卫生局还组成12个消毒队,分赴各贫民区、娱乐场所、乞丐收容所、厕所等处,进行灭蝇、灭虱及环境卫生消毒;为保障无自来水区市民饮水之安全,开设了十余个饮水消毒站,下设若干分站;办理冷食店登记,对各种冷食取样检验。

同年6月,河北省胜芳发现霍乱患者,因该地距离天津市较近,且每日来津船只甚多,所以天津市卫生局派防疫队驻在邵家园子水上分所,凡由胜芳来津无防疫证明的商人,均须做防疫注射,以免疫病传入本市。

1949年11月4日,天津市防疫委员会正式成立。黄敬市长亲自担任市防疫委员会主任委员,委员包括著名医生和医学家屈鸿钧、毛羽鸿、齐清心、丁懋英等。市防疫委员会下设防疫科、检查封锁科、宣传科、秘书科。其中防疫科下设检疫队(包括市检疫队、海港检疫队、铁路检疫队)、消毒队(包括患者家宅消毒队、尸体消毒队及抬埋队)、医疗队、隔离所(包括市隔离所、海港隔离所、铁路隔离所)、化验组(包括卫生试验所、海港检疫所)、药材股。市防疫委员会的办公地址,在一区新华北路19号市卫生局(今和平区新华路与鞍山道交口附近)。对参加检疫工作的全体人员,首先实行了防疫注射。

建立疫情通报网

　　天津解放前，全市环境卫生的发展是不平衡的，旧租界以外的很多街区都比较落后。解放后，虽经人民政府一再努力改进，但据市公共卫生局统计，直到 1950 年 10 月，仍有 66% 的市民没有下水道可供使用，18 万人仍在饮用不洁的坑水、井水与河水，80 万人还须到水铺买水饮用。市内公共厕所很少，随地便溺现象常见，市区尚有许多充满污水的池塘和沟渠，边缘地区还有许多晒粪场和积存的垃圾。特别是流经市内的墙子河，过去被当作英、法、日等国租界下水道的总出口，用来排泄污水。这一切都促使传染病的媒介物滋长、繁殖，传染病也因此扩散，严重地影响着天津大部分市民的健康。

普及防疫知识

针对这些问题，天津市公共卫生局将防疫工作推广每一条大街小巷，教育、启发、组织广大群众一齐做。首先是把各区和各卫生行业的卫生委员会及卫生小组建立、健全起来，选出积极负责的人，担任小组长或委员，进行一定的培训，使他们懂得动员、组织群众预防传染病的发生和传播，共同积极参加防疫。

加强检疫报告制度，是防疫的关键。天津是华北第一大港口，水陆交通的重要枢纽，因此传染病极易传入传出。为此，市交通检疫所进一步提高了水陆交通中的检疫工作，市公共卫生局更加具体地掌握本市疫情。在各区卫生基层组织健全后，很快就建立起疫情通报网，方式是由病人家属、邻居、卫生小组长、公安人员和学校、工厂、公司、店铺、机关团体的负责人，以及公私立医院诊所、私人开业医师等（包括中医在内）报告。除医疗人员报告者外，均先报告所在卫生事务所，由卫生事务所检查证实或存疑，转报公共卫生局，再进行必要的搜索病源、寻觅带菌者、隔离患者，并予以消毒措施，必要时实行健康隔离，局部或全市施行预防注射，以防止传染病在本市流行。各种急性传染病，如鼠疫、霍乱、天花、流行性大脑炎等，规定最迟在24小时内报告市公共卫生局。

疫情通报网的建立，加上普遍的预防注射和消毒工作，使得解放初期的天津在防控霍乱、伤寒、大脑炎、狂犬病、鼠疫等传染病方面，取得明显的成效，为此后天津公共卫生事业的发展特别是防控疫情工作提供了有益的经验。

饮用水消毒防疫

在天津城市发展史上，居民饮用水的充足与安全，长期被摆在政府工作极为重要的位置。天津解放时，在旧租界地区普遍使用自来水，而旧租界以外劳动人民密集的区域，尤其是边缘地区，居民却在饮用河水和坑水。此外，有相当数量的市民还须到设在大街小巷的水铺里买水饮用。由于水源的不洁，或是买水时运水、买水后贮水

卫生宣传

方法及工具的不洁，肠胃传染病就借着水的媒介经常而广泛地传播着。1950年，市卫生局卫生试验所曾对本市非自来水进行过化验，结果显示，在212次化验中，有202次是不合格的，尤其是河水、坑水全都含有过量的大肠杆菌，不宜饮用。

1949年1月天津解放后，人民政府对市民饮用水的安全高度重视。同年3月，市卫生局特别提出加强饮用水卫生防疫管理方案，包括商请市公用局延长安装自来水管至各贫民区，水井水源不合卫生者立即予以封闭，在无自来水区域设立饮水消

毒站，同时加强涉及饮用水的饮食店铺、娱乐场所、菜市、鱼市、牛奶场、水厂、摊贩等行业的卫生管理。

至当年6月初，市卫生局为保障无自来水区域市民的饮水安全，在三、五、六、九区共设17个饮水消毒站，下设若干分站。在区街卫生委员会的协助下，发动市民领取饮水消毒剂（漂白粉液）进行饮水消毒。但因工作起初缺乏深入宣传，有些市民重视不足，有的嫌漂白粉有味儿，领回家去也不使用。（有的区街干部防疫工作做得不到位，如三区宜兴埠饮水站，于5月13日领到饮水消毒剂，直到31日还没发给市民，以致消毒剂起了化学变化，失去效力。）经过市卫生局批评与督促，街区饮水消毒工作有了明显改观。

当时天津有五千余家冷食店摊，但却仅有一家人造冰厂，冰块远远供不应求，所以每届夏季很多街区只能以窖存的自然冰做清凉饮料。1949年5月，市卫生局办理冷食店登记，共有1874家申请登记，核准发给登记证者1277家。随后开始对各种冷食取样检验，进行卫生防疫管理。

此外，市人民政府十分注重居民饮用水硬件设施建设。至1950年10月，全市新接自来水干管13066米，从根本上保证了相关街区市民的饮用水安全。

防鼠疫留住五日

庚子年（2020年）春节期间，新型冠状病毒疫情肆虐。有关部门采取有力措施，将确诊人员、疑似人员、密切接触人员、外地返津人员进行不同方式的隔离，分别给予治疗或观察。交通要道、小区门前、街头村口，皆设关卡，实行严格的测温和登记。"隔离"，一时成为最热门的词汇之一。

人类有史以来，每一次面对重大的突发疫情，都不得不采用最原始也最有效的方法，就是"隔离"。仅以麻风病为例，早在两千多年前，秦朝就曾设有"疠迁所"，是专门收容麻风病人的隔离治疗医院，可能是世界上最早的麻风病隔离医院。在秦朝，人们如果发现身边有人感染麻风病，要立即向官府报告，官府将患者送诊，确诊后将其送到"疠迁所"进行强制隔离，以防止麻风病传播蔓延。

为切断传染途径，许多国家采取了设立麻风隔离区的办法。这些隔离区通常设

接种疫苗

在海岛上，几乎与世隔绝。为了隔离区货币流通需要，20世纪初，一些国家在麻风隔离区发行了特制"麻风币"，一般均有面值，类似代价币。发行过"麻风币"的国家，有菲律宾、日本、巴西、哥伦比亚、巴拿马、委内瑞拉等。

对于传染病流行区域不同人群的隔离期限，历史上少有明确、具体的记载。1910年至1911年，东北地区流行肺鼠疫，蔓延至天津和北京，清政府设置了京师临时防疫事务局，天津卫生部门也对旅津人员作出"皆须留住五日"的"隔离"规定。1911年4月14日，疫情基本得到控制后，天津海大道、紫竹林等地的18家知名客栈，包括通顺客栈、泉盛栈、中和栈、佛照楼、大安栈、天津旅馆正记、信合栈、长春栈、富同栈、荣升栈、福照楼新记、老德升栈等，联合致函商务总会，要求代为恳请卫生部门停止检验居津旅客。函中有言："自入春以来，鼠疫流行，各处商旅因此不敢前来。及河道开通，卫生局宪为防疫起见，所有乘轮出境人等，皆须留住五日派医验讫，方准出行，商等遵即照办……今疫已灭，自应仰恳商务总会大人恩准俯赐评议，代恳卫生局宪将出口人等免验……"

大疫期间，对旅津人员作出"皆须留住五日"的"隔离"规定，是在20世纪初推进公共卫生制度化的背景中出现的，对于防控瘟疫、保证城市安全和社会稳定，具有积极的意义。

遍设饮水消毒站

2020年3月2日拙文《饮用水消毒防疫》在"今晚副刊·津沽"刊发后,有老年读者朋友来信说,这引起了他对天津解放初期设立的饮水消毒站的回忆。现根据掌握的资料,对当年饮水消毒站的情况予以补充。

天津解放时,不仅很多街区饮水条件较差,一些市民也缺乏卫生防疫知识,他们认为河水、井水乃至大坑里的水是"天然的",可以直接饮用,而对使用饮水消毒剂(漂白粉液)却觉得就像是在水里"下药",产生恐惧和抵触心理。以九区为例,当时28个街中,有21个街、四万五千多人饮用河水。在国民党统治时期虽然也设有一个消毒水站,但因不对市民解释即强制使用,所以遭到当地多数居民拒绝。1949年5月,由于人民政府的区街干部事先进行了宣传解释,很多居民了解到河水消毒是与自己切身利益有关的,表示欢迎,市卫生局即派员会同区街干部到邵公庄水站

为革命 讲卫生 除四害 灭疾疒

最洁

河北区爱国卫生运动委员会

讲卫生,灭疾病

为居民代表进行示范，配药取水。

至 1952 年 5 月，设立饮水消毒站的街区包括：三区天穆村、柳滩、席厂、何兴庄，四区万新庄、赵沽里，六区尖山、陈塘庄，八区芥园，九区三道桥、邵公庄、丁字沽、关帝庙，十一区王顶堤、李七庄等。此外，还在六区海河码头、八区西营门、九区邵家园等三处专门为航行于海河、子牙河、北运河、南运河的船民做饮水消毒工作。至 1953 年 5 月，已在各郊区及塘沽等区设立饮水消毒站 63 处，使四合庄等 249 个行政村，丁字沽、陈塘庄等 15 个街公所的部分居民及水上船民，共约 38 万人，能够饮用消毒过的水。津西、津南郊区还组织各乡农民自办饮水消毒站，至 1955 年 5 月，两区已设饮水消毒站 64 个，做到乡乡都有饮水消毒站。

到 1955 年，饮水消毒工作以饮用不洁的水的地区的工厂、工地、农业和渔业生产合作社、学校、团体等单位为重点，适当照顾往年享受过饮水消毒的居民群众。饮水消毒站的消毒员，也大都是群众义务担负的。他们经过当地卫生部门的训练，已经学会了饮水消毒技术。各饮水消毒站的消毒药品，都是由政府供给的。据津东、津西郊区卫生院的调查，1953 年七、八月份两区的肠胃传染病患者，比 1952 年同期减少了百分之十三。在全市普遍设立饮水消毒站，在卫生防疫方面取得明显效果，居民的健康水平显著提高。

冷食检疫经常化

　　近代以来，天津冷食业比较发达，冷食遍布街市，在方便居民纳凉消夏的同时，也成为夏季胃肠道传染病的一个主要传播途径。1949 年 5 月，天津市人民政府卫生局拟定了冷食业卫生设备最低标准及应注意事项。注意事项包括：制造冰棍之木棍，使用前须注意经过煮沸消毒；一切不洁之原料、有害色素、有害香料，禁止使用；天然冰不得用为制售品原料，制成品亦不得与天然冰直接接触；制售品之配料用水，必须经过煮沸；制品使用牛乳时，"须用新鲜牛乳并须注意经聂氏消毒（加热到华氏表 142 度至 145 度之间经 30 分钟）"……

　　1950 年 3 月，为预防夏季胃肠传染病，市卫生局制定了冷食业管理计划，规定凡在本市经营冷食业者，包括汽水厂、制冰厂、干鲜果品、糕点、南味罐头及冷食摊贩等，均须在规定时间内到该局办理登记。此后如查获未经该局登记者，当依法

冰票

取缔，停止营业。对登记之冷食业者，该局将分批进行卫生训练，每批限 60 人，每次训练三小时。对汽水厂、制冰厂，该局派出专人到各厂对全体员工进行集训……

此后，本市对冷食业的卫生检疫工作形成经常化。据 1953 年 6 月的检查报告，冰棍制造业用的包装纸普遍经过了蒸气消毒。过去有的冷食店制冰棍配料时，用的勺子把很短，常常把手浸在原料缸里，现在改用了长把勺，并做到每次使用前对勺子进行消毒。有的冷食店把冰棍的木棍进行蒸煮消毒，还添设了专盛木棍用的布袋，以防木棍接触尘土。据 1955 年 7 月的检查报告，发现有些私营商号和摊贩竟然以天然冰制作冷食出售，还有的冷食店制售的奶油冰棍很不干净，竟使市民吃出了苍蝇。对这些违法行为，有关部门分别给予店摊停业处分。

20 世纪 60 年代初，在天气炎热、冷食大量上市的季节，全市各区都由商业和卫生部门成立了冷食办公室，对冷食店的经营进行严格的卫生检查，凡设备条件不合乎卫生要求和产品化验不合格的一律不准生产。塘沽区很多冷食门市部制定了比较健全的卫生制度，大部分冷食制售人员都经过了体格检查和卫生常识训练。1961 年 6 月，市饮食副食卫生管理办公室及有关部门组成了冷食卫生检查组，对红桥、河东、和平三个区部分冷食制售单位进行卫生检查。检查结果表明，遍布街衢的大部分单位都能认真贯彻执行冷食业卫生管理办法。

天津也有木头路

上海的南京路曾以"红木"铺路，此事尽人皆知。1906 年，上海公共租界有轨电车工程开工，决定从外滩到静安寺开辟一条线路，对有轨电车经过的南京路路面进行翻建，铺成一条"红木马路"（亦称柚木马路，实际为铁梨木）。马路从江西路（今江西中路）西首抛球场铺起，一直铺到泥城浜东面（今"市百一店"门前），共用 400 万块进口"红木"，全部由英籍犹太商人哈同出资，花费白银 60 万两，其豪华铺张之举，在世界筑路史上实属罕见。

无独有偶，一百多年前天津也曾有过一段木头路面，与上海的南京路堪可相比。大约在 1920 年，天津英租界当局鉴于海大道（即大沽路）货运量很大，而当时运载货物基本上都用铁轮地排车，使得柏油或钢砖路面都不能承受磨损重压，所以决定在海大道相当于今太原道与大连道之间大沽北路的一小段路面试筑木路。这种马路是用三层红砖立放铺底，上面先用两英寸扁钢竖立围成约八英寸见方的铁格，在格子中灌上柏油，再填入与格子一般大的方截面美国松木砖，最后在木砖上铺上一层薄薄的柏油。这种路面耐压耐磨，效果很好，不过因成本昂贵，没有推广。至 1939 年一场大水，将木砖漂起，被受灾群众捡去烧火做饭，路面遂致全毁。

据资料记载，天津历史上还曾有过一些木头路面。如海河西岸的台儿庄路，是联系太古码头和开滦码头的交通要道，曾为木砖路。1951年4月，市建设局将从营口道至太古码头一段的台儿庄路改修为灌油路，将从开滦码头至海河工程

以木板条铺成桥面的金汤桥

处一段的台儿庄路改修为柏油路。工程全长775米，施工面积5930平方米。

天津市区桥梁众多，其中，过去的刘庄浮桥等，现在的景观桥金汤桥等，皆以木板条连缀成桥面上的人行道，行人从木板条间的缝隙可以看到下面海河水的流动。至20世纪五六十年代，人们依然认为木质材料适于修桥铺路。1954年11月，海河上的胜利桥（今北安桥）修复通车，有关报道说："胜利桥原是沥青路面，已经坎坷不平，这次改铺木砖路面后，路面平整、坚固，便利行车。"1967年12月，市建设局桥梁管理所在翻修海河上游的金钢桥时，也在桥面上专门铺设了木砖。

解放初公交票价

　　1949年1月15日天津刚一解放，电车公司、冀北电力公司工人便迅速抢修全市有轨电车线路。至21日，白、红、花、紫、黄牌等路有轨电车业已全部通车，当日出车82辆，售出车票66577张。

　　2月11日，市人民政府公用局开始实施乘坐电车优待办法，荣誉军人凭荣军证可以免费乘坐。教职员月票，每张72元，按照最高票价六折计算，每日可乘车两次。外勤记者及学生月票按五折计算，每张60元。凡欲购买此种优待月票者，须于每月20日以前赴电车管理处办理手续，自交款次日起计算。

津城公交车的
变迁

2月24日，新华社天津分社发布消息称，由于市面渐趋繁荣，乘客不断增加，本月21日电车乘客多达二十一万余人，公共汽车最近每日乘客平均亦超过四万人。市公用局鉴于电车汽车为便利一般市民之交通工具，故所定票价极低，但1月份电车汽车亏损甚巨，并公布了亏损的具体数额。2月份一般物价上涨，汽油售价尤高。为维持公用事业的发展与扩充，决定自即日起调整电车汽车票价。电车白、紫、绿各牌全程及红牌半程每票人民币2元，黄、蓝、花各牌全程每票4元。公共汽车各线每段票价4元，全程8元。冀北电力公司天津分公司、法商电力公司电价，当日也进行了调整。

3月13日，市电车管理处、公共汽车管理处称，由于面粉、电力、汽油等相关物资较前涨价，故现行电、汽车票价收入远不敷出，亏损很大。经市公用局批准，自当日起实行电车黄、蓝、花牌每票6元，白、紫、红（每段）、绿牌每票3元，公共汽车每段6元，全程12元。5月2日，对票价再次进行调整，电车黄、蓝、花各牌每票10元，白、紫、绿、红一、红二各牌每票5元。公共汽车每段票价10元，各线全程20元，国民饭店至西南角一段15元，西南角至西北角一段5元。5月19日，电车票价再次调整，黄、蓝、花牌全程15元，白牌（半圈）及紫牌各10元，红牌每段及绿牌各5元。7月29日，公共汽车票价分线调整，电车票价增加一倍。

通过天津解放后半年间对公交票价的不断调整，可以看出新生的人民政权为保证民生、维护发展所作出的不懈努力。

出租汽车遍津城

　　天津是中国最早开办出租汽车业务的城市之一。1915 年，王子祥创办飞龙汽车行，成为天津最早经营汽车出租业务的汽车行。此后，出租车

从票证看津城出租汽车的变迁

行业持续发展。至 20 世纪 30 年代，全市共有汽车行近百家，出租车三百多辆。受汽车售价及维护成本所限，当时乘坐出租汽车是一笔不菲的花销，非普通市民担负得起，消费群体主要为政要、富商、名伶等，这些高收入人群在使用出租汽车时，须提前致电或派人前往车行预定，车费按照时长、里程或包日计算，通常还要向司机支付小费。后因战争影响，时局动荡，加之缺少本土汽车工业的有力支持，汽油匮乏，出租汽车行业一度陷入低谷。

　　新中国成立后，天津出租汽车行业得到长足发展。1956年，市福利公司成立了汽车服务总站。6 月 1 日清晨，从解放北园旁边的汽车服务总站里驶出了两辆崭新的小汽车，这是该服

务站出租的第一批汽车。紧随其后，又在长春道等繁华地区设立了四个汽车服务分站。服务站出租的汽车，大部分是供给机关、团体、市民使用的；另外，有一部分用于接待外宾，一部分专门用来接送一些医院的医生、学校的教授们上下班。在火车站、中心妇产科医院、第二工人文化宫等车辆需求量大或交通不便的地方，还设立了几个临时的出租汽车服务站。服务站出租的汽车，按大小、新旧不同，分为甲、乙、丙三等。如乙级车可坐四人，从劝业场到市干部俱乐部五公里的路程收费二元，每超过一公里增收四角。丙级车可坐三人，五公里的租价是一元五角，每增一公里增收三角。1975 年，成立了天津市出租汽车公司。

改革开放以来，随着人民生活水平的不断提高，乘坐出租车不再是奢侈消费。至 1985 年 4 月，全市经营出租汽车的企业有 38 家，车辆达到 1896 部。这些车辆出入车站、饭店，运送宾客，并在市区街道实行招手停、就近下，大大改善了市民租车难的状况。同时，市出租汽车公司还在 20 家旅馆、招待所和医院设立了出租汽车代叫站，在 70 部出租汽车上安装了无线电对讲机，实行无线电调度，缩短乘客候车时间。至 20 世纪 90 年代，出租汽车更是跑遍津城，其舒适快捷，得到市民和游客广泛认可。

天津地铁始通车

2020 年，是天津地铁建设 50 周年。有关部门曾经准备为此举办纪念展览，并筹办天津地铁文史馆、博物馆。

1970 年 4 月 7 日，天津市决定以修建战备通道为目的，以墙子河改造工程名义立项，史称"7047 工程"，成为天津地铁的前身。1976 年 1 月，天津地铁第一次试通车，当时只有新华路、营口道、电报大楼（今鞍山道）、海光寺四座车站。这次试通车活动，未见媒体公开报道，但留下一种在此期间发行使用的"天津市地铁试车"券。票券本身面积较大，背面为注意事项，正面以红色为主色，辅以金色，整体画面以纵截面为视角，用颜色分割，生动呈现了地下与地上两部分景观。地下部分主要为地铁站台和行驶中的地铁车辆，地上部分则出现了地铁站房、铰接式公交车、小卧车和当时天津标志性建筑友谊宾馆大楼模型图，由此推断票券设计者可能试图描绘新华路站地面上下的双重风貌。此票设计优美，印刷精良，在副券栏还盖有清晰的时间戳，无论是从审美角度还是收藏角度看，在全国范围内实属难得的珍品。

1980 年 1 月 10 日上午，天津地铁开始载客通车。此时距天津地铁立项建设，已将近十年。这次通车距离共 5.2 公里，从

近年开通的天津
地铁 4 号线

胜利路（今南京路）与新华路交口的新华站开始到西南角，沿途设营口道、鞍山道和海光寺等站，单线往返行驶，全程往返大约 30 分钟。当时开通地铁，主要是为在早晚客流高峰时段减轻地面交通拥挤，每天 6 点 30 分至 9 点、16 点 30 分至 19 点为地铁通车时间。

同年春节期间，为给职工和群众春节期间上班或探亲访友提供交通方便，天津地铁实行全天运营。运营日期从 2 月 16 日至 19 日，时间从早 8 点至晚 8 点。

至 1980 年岁末，在不到一年的运营时间里，据不完全统计，天津地铁已载客 84 万人次，平均每天两千多人次。有关部门由此得出结论，天津道路狭窄、弯多、拥挤、堵塞，发展地铁是解决交通问题的重要途径。当时天津地铁的设计方案是 24 公里长的环线，包括已修建的自新华路到西北角 6.8 公里的钢筋混凝土隧道，洞高 4.3 米，宽 3.5 米（单轨）。

天津是继首都北京之后全国第二个建设地铁的城市。天津地铁一路走来，不仅见证了中国地铁的发展历程，也是中国城市化进程的一个典型缩影。

"五大道"何时叫响

五大道，指位于和平区西南部、原属英租界的一片街区，有纵横二十多条道路，其中以重庆道、常德道、大理道、睦南道、马场道最具代表，这里有中国保存最为完好的 20

"五大道"今貌

世纪二三十年代洋楼建筑群。五大道之"大"，并非指道路长或者宽，而是指这里的建筑级别高，也指这里曾经的居民社会地位普遍较高。

"五大道"作为固定名词，较早出现于天津城市规划和房屋管理领域。这一名词最早见诸报端，是在天津市规划局副总工程师王作锟发表于 1982 年 7 月 26 日《天津日报》上的一篇长文中。该文题为《天津要建成一个什么样的城市》，作者从区域规划、城市规划、国民经济与社会发展计划等角度谈对这个问题的看法。谈到旧区改造，作者认为应分三种类型对待，其中一种是保留基本不改造地区，"如人们熟知的五大道、一宫附近的较好建筑，解放后新建的楼房区等。在这些地区主要是整顿环境，添补服务设施的不足，和维修改善原有建筑、拆除违章搭建的简易房屋和非法占用民房的工厂"。这也是最早提出的对五大道地区进行保护和改善的公开建议。随后，在有关城市建设规划、商业网点设置、道路绿化改造的报道中，开始使用"五大道"一词。

1984 年 2 月 18 日，天津市人民政府全体会议通过关于1984 年改善城市人民生活十项工作的决定，其中第七项是以绿化美化居民区及改善街景为主整顿市容，提出"今年重点整治'五大道'区域"等目标，"五大道"一词正式出现在市政府文件中。市长李瑞环在同年 2 月的一次讲话中和 4 月所作政府工作报告中，都强调了整修五大道的重要意义。中华人民共和国成立 35 周年前夕，天津以五大道为主的十条道路整修治理任务圆满完成，9 月 25 日，市政府召开大会表彰了在整修治理工作中作出贡献的先进单位。

还是在 1984 这一年，9 月 26 日，著名作家冯骥才在《天津日报·文艺周刊》发表了散文《十月的奉献》。文中写道："哪怕你在世界上任何一个顶豪华、顶奇丽的地方，你心中对故乡的记忆，也会像画一样闯进你的脑袋里：北大关闹哄哄的街头，散发着大饼馃子和锅巴菜气味的小早点铺，迎着寒风骑车上下班、长河一般、拨动铃铛的车队，以及五大道月夜下恬静的街景……"五大道成为天津一景，在后来的岁月中，越来越为世人所瞩目，所惊叹。

解放初启解放桥

2019 年 7 月 1 日晚上，解放桥开启，海河两岸火树银花，津城百姓万人围观，盛景惊艳海内外，一时成为"网红"。

1927 年建成的解放桥，历史上曾有法国桥、万国桥、中正桥之称。它是海河上最重要的桥梁之一，也是天津的标志性桥梁。桥长 97.64 米，桥面总宽 19.5 米，为全钢结构可开启桥梁，即开合桥。

解放桥属于开合桥中的"吊动桥"，是把一孔桥分成两叶（也可以是一叶），每叶以桥墩支座为中心，用机器转动，使其临空一头，逐渐吊起，桥梁由水平状态变为接近垂直状态，这样就可让出中间航道，以便行船。这种类型的开合桥在美国芝加哥造得最多，所以又称芝加哥式开合桥。

1949 年 1 月 15 日天津解放，1 月 25 日市人民政府即发出通告，更改市内部分道路桥梁名称，将中正路改为解放北路，

解放桥今貌

中正桥改为解放桥。

解放桥是当时天津最大的桥梁，行人车辆，来往频繁。在解放天津的战役中，该桥曾被炮火炸毁主要立梁一支、铁板两块，以致载重车辆驶过时，桥身即发生轻微颤动。市有关部门极为重视，经军管会水利处派人检查，并拟定补修计划，交海河工程局迅速补修。该局于1949年2月1日开始动工，至12日完工。

解放桥修竣后，为适应大型船只驶入内河，海河工程局特通知所属解放桥管理所人员，将桥上久未动用的开启机以机油重新擦过后，于1949年4月9日下午4时试验开桥。这是天津解放后解放桥第一次试开桥。同年9月8日晨0时30分至5时，又开桥四个半小时，由华北水利工程局海河工程处修理该桥活动桥之间连接的木梁。

解放桥开启是关系到天津市民出行的一件大事，所以每次开桥有关部门都要提前在主要报纸上发布预告。如1956年6月8日和9日，天津市建设局连续两天在《天津日报》发布关于开关解放桥的通告："为定期运转解放桥启闭设备，订于6月10日晨5时至6时开、关该桥（但遇机械设备发生意外故障时，可能延长时间）。届时将临时断绝交通，车辆行人希绕道而行。特此通告。"

随着海河水运功能的逐渐退化，以及桥上行人行车的需求，解放桥开启次数逐渐减少，20世纪最后一次开启是在1973年。2005年，市有关部门对解放桥进行了维修、改造，恢复了原有的可开启功能。据悉，今后每逢重要节假日，解放桥都将实现常态化开启。

小刘庄海河渡口

近日托朋友从日本大阪老收藏家处买回几张民国时期的天津公交车票，其中最有价值的一张，是从市中心国民饭店经大营门、苏州道、下瓦房到小刘庄摆渡口的公交车票。这条公交线路始设于1935年，运营至20世纪50年代，因所用车辆曾为蓝色，俗称"蓝公交"。其终点站小刘庄，是近代天津各国租界与华界在南部的交会点、市区与南部郊区的交通枢纽，也是海河东、西两岸重要的交通联系点。

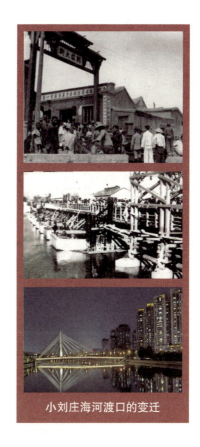

小刘庄海河渡口的变迁

历史上，大直沽与小刘庄之间的渡口，是河东、河西两区跨海河联系最繁忙的渡口。明代万历十六年（1588），天津兵备道查志隆命天津三卫经历司造渡船，设渡口七处，其中就有大直沽与小刘庄之间的渡口。随着两岸经济的发展，渡船也不断增加。1953 年，小刘庄渡口的坡跳设备得到维修和加宽。1955 年，小刘庄渡口收归国营。1959 年 9 月，在小刘庄渡口原址建成大型开启式木结构浮桥，成为河东、河西两区之间第一座跨海河桥梁。

大直沽与小刘庄之间的渡船，不仅方便了两岸百姓往来交流，还见证了中国工人运动史可歌可泣的一幕。1925 年 6 月，上海发生"五卅惨案"的消息传到天津，坐落在小刘庄的裕元纱厂（后为天津市第二棉纺织厂）工人与各界人士举行集会和游行，声援上海工人的斗争。8 月 10 日，在中共天津地委领导下，裕元等四大纱厂工人举行同盟罢工。翌日，河东裕大纱厂的日本资本家勾结军警镇压工人，引起工人大罢工，河西裕元等纱厂工人纷纷渡过海河支援，砸毁了裕大纱厂的公事房和一些机器设备。这就是闻名全国的"砸裕大"斗争，展现了天津工人阶级团结战斗、威武不屈的革命精神。

小刘庄渡口的作用，不仅是横渡海河，而且也曾是海河上下游公交客轮码头。1959 年 5 月，交通航运部门为缓和天津市内交通拥挤现象，便利职工上下班，在大红桥到郑庄子渡口之间开辟了班轮航线，每天往返两次：第一次早 4 时从大红桥出发，上午 8 时由郑庄子渡口驶回；第二次中午 12 时从大红桥出发，下午 4 时由郑庄子渡口驶回。班轮沿途经过的码头，有金钢桥、解放桥、大光明渡口等，小刘庄渡口也是一处大站。

刘庄浮桥变身记

存在于 20 世纪 50 年代末至 90 年代初的刘庄浮桥，是当时海河干流上最著名的浮桥，它正式的名称曾叫"海河浮桥"。这座浮桥位于原小刘庄渡口处，西接河西区琼州道，东连河东区五号路。沿河两岸工厂、仓库众多，交通运输十分繁忙。刘庄浮桥建成前，两岸往来的车辆须绕行解放桥，路途颇远，十分不便，而且造成解放桥交通过于拥挤，影响运输效率。1959 年 9 月刘庄浮桥建成通车后，不但改善了市内交通，而且促进了沿河两岸工业区的发展。

刘庄浮桥是一座大型开启式木结构浮桥，两端靠岸筑有一段固定的桥身，桥面的高低可以根据水位的变化调节。在海河中航行的一般中小型木船，能够从两端固定的桥身下通过。除了这两段固定的桥身外，在河心有一段用八只大木船并排编组成的浮桥，构成桥身的中间部分。这八只大木船每只宽 6 米，长 25 米。其中有四只大木船用电动卷扬机操纵，可随时开启，让航行于海河的远洋巨轮通过。这座浮桥，全长 110 多米，宽约 13 米。桥面两旁辟有人行道和三轮车道，各宽 3 米，中间是 6 米多宽的汽车道，载重 8 至 10 吨的汽车可以安全通过。

在天津市区海河下游建造开启式的刘庄浮桥，实是当时既要连接两岸交通又要保证河流通航的折中产物。刘庄浮桥建成初期，为了不影响海河航运，浮桥通行时间规定在每天上午5时半到10时，下午3时半到晚上9时半。我家住在刘庄大街，记得到20世纪70年代改为每天仅在中午12时至1时开桥过船，其余时间桥面皆可通行。

浮桥有一个明显的缺点，就是在枯水季节因水位过低而须暂停使用。更重要的是，随着城市快速发展，交通量增大，浮桥不堪重负，经常需要维修加固，已经远远不能满足交通运输的实际需求。1976年，刘庄浮桥改建为开启式钢丝网水泥船浮桥。1979年，在铁道部大桥局专家指导下，市政工程研究所借鉴国外先进技术，试用钢桥面板改造刘庄浮桥。1980年，刘庄浮桥开启采用自动调压充水罐装置代替汽车压载。1992年，刘庄桥改建成天津市区第一座独塔斜拉桥，浮桥终于成为历史。

刘庄桥今貌

第一代"法国菜市"

2019 年，随着天津市文化和旅游局机关从和平区承德道 12 号原法国公议局大楼迁出，这座法国梧桐掩映的庄重而优雅的"国保"级建筑未来将得到怎样的保护和利用，再次引起市民的关注。

很多人都知道，建成于 1931 年的法国公议局大楼在解放后先后做过天津图书馆、天津市少年儿童图书馆、天津市艺术博物馆；但是可能很少有人知道，法国公议局大楼建成之前，这里曾经是第一代"法国菜市"。

法国公议局大楼及克雷孟梭广场的变迁，这里曾是第一代"法国菜市"

　　清道光二十六年（1846）出版的《津门保甲图说》记述："对李公楼曰紫竹林，故禅林也。附近居人遂以名村。其稍南曰菜市，烟户颇繁。"烟户，即人户。这是说，在原紫竹林庙一带有一个人户稠密的地方叫"菜市"。那时的"菜市"，就像一个村落，是蔬菜、食品的集散地。

　　1861 年，法国在天津紫竹林划定租界，紫竹林大街（走向大致相当于今天的吉林路）成为法租界早期的商业中心。在繁华的紫竹林大街南头，即法国公议局大楼原址，有一处市场，因为此地本来就有"菜市"之名，所以俗称"法国菜市"。它主要供给法租界及附近英租界内士兵蔬菜、肉食、禽卵、野味，也起到了贸易、交流的作用。1900 年八国联军入侵天津，义和团几度攻打紫竹林租界，这里也遭到炮击，但不久就恢复了营业。

　　在民国初年出版的天津地图上，曾有将法国公议局大楼及其前面的克雷孟梭广场（十三号路）原址标注为"青物市场"的。"青物市场"在日文中就是"菜市"的意思。这个第一代"法国菜市"，设有三排罩棚，分别是肉棚、菜棚、鸡鸭棚。

　　因地势不敷应用，大约在 1925 年，法租界当局另在窦总领事路（二十四号路，今长春道）新建了一个规模更大的菜市场，即第二代"法国菜市"，也就是后来的长春道副食商场、天津市副食中心商场。

　　1929 年至 1931 年，在第一代"法国菜市"的旧址，先由法国建筑师慕乐做方案设计，后由义品公司工程师门德尔森正式设计，建造了具有典型欧洲古典复兴式风格的法国公议局大楼。

人民公园河马馆

20世纪70年代中期，笔者上小学的时候，忽然听到一个消息：兼有天津动物园功能的人民公园引进了一只河马，供游人观赏。这是天津第一次引进河马，从未见过这种非洲大型动物的市民们闻讯，都十分

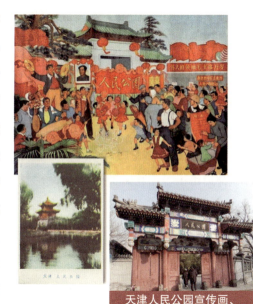

天津人民公园宣传画、老信封及西南门今貌

兴奋，想一睹为快。我在人民公园看到，园中北侧紧邻儿童游乐场的地方，筑起了一座颇为气派的河马馆。在馆舍南侧，还建了一个露天的河马池。我家距离人民公园不远，每到星期日我都进到公园，看看这只河马有没有公开亮相。记得去过好几次，才见到了这位可爱的"动物明星"。

1979年9月，与天津建立友好城市关系的日本神户市赠

给天津人民一只小河马，在人民公园落户。这只雌性小河马于1978年10月1日诞生在日本九州市，日本朋友还未来得及给它起名字，希望天津人民给它起一个喜人动听的名字，并为它找到一个理想的伴侣。市政工程局园林处决定，让这只小河马与人民公园原有的那只雄性河马住在一起，让它们在河马馆里培养感情，最终结成"夫妻"，实现日本朋友的美好愿望。

在人民公园河马馆工作人员的精心喂养下，这只雌性小河马长大了，也长胖了。1980年6月，给它做了一次体检，身长160厘米，身高90厘米，体重约五百公斤。它每天能吃二十多斤由盐、麸子、骨粉、玉米面与草搅拌而成的饲料，生活有规律，特别爱在水里窜腾游耍，很受游人喜爱。但令人遗憾的是，由于与其同居的那只雄性河马年龄偏大，两者不宜配偶。于是，日本神户市王子动物园又赠给天津一只雄性河马。新赠的这只河马近两岁，体重六百公斤。1980年10月24日，这对小河马双双进入人民公园河马馆中清洁、舒适的"洞房"。

1981年10月，日本神户市王子动物园赠给天津的这对河马，由人民公园迁至天津动物园新建的河马馆。1986年2月，这对河马在天津动物园产下一仔。至2000年，加上这对老河马，天津动物园共有六只河马，已经形成了一个稳定的河马家族。

河马从人民公园迁走后，园中的河马馆先后改建为影剧院和"太空迪厅"。20世纪90年代，天津摇滚乐队就在这里兴起。如今，这里是西岸相声剧场。

山西路儿童公园

在和平区山西路北段西侧，包头道与万全道之间，有一座外观很不起眼的小公园。这是一座儿童公园，已有八十多年的历史。

山西路儿童公园初建时，地址为日本租界明石街 24 号。这原是一块空地，面积约三亩，为中国地主所有，西北有基督教会，东南有稻荷神社。1937 年天津沦陷后，日本移民如潮水般涌来，日本租界的一些公共设施急需扩建，侨民团便于 1938 年将这块土地弄到手。1939 年天津发大水，日本天皇拨了一笔救灾款给天津日本侨民团，日侨便决定用部分钱款建立一座儿童公园。侨民团将这项工程承包给土木商秋本组，于 1940 年 10 月中旬开始动工，当年 12 月初竣工，又陆续添设了一些设施，翌年 4 月 16 日正式开园。天津文史专家周梦媛女士收藏有一枚当时日商出版的明信片，其上可见日侨将此园称为"恩赐儿童

山西路儿童公园今貌

游园地"。

1953 年的六一儿童节，山西路上的这座小公园经过整修，作为新中国成立后天津第一座儿童公园对外开放。公园大门为棕紫色，迎门有葡萄架，园中有绿色的小木亭子。儿童游艺设施较多，有四个大秋千、六个小摇斗、四个滑梯、两个压板、一个转塔和单杠。开幕式上，一区第九小学、新生小学等学校的百余名穿着节日服装的"红领巾"载歌载舞，小公园里充满了幸福的欢笑。

山西路儿童公园附近地区人口密度大，小学生人数多，但区域内几所小学的校园却普遍较小。和平区芦庄子小学等学校便借用校外场地，在儿童公园开展了很多小型活动，比如组织学生做集体游戏、跳绳、室外朗读等，解决了校内无场地的困难。

1976 年大地震后，山西路儿童公园里搭满了居民的防震棚，儿童游艺功能几乎完全丧失。1982 年 4 月 26 日，经过和平区园林部门的改建，山西路儿童公园重新恢复开放。公园的围墙、管理室、半壁廊、土山半圆亭被粉刷一新，修复或增添了滑梯护拦、转马等儿童玩具，换栽了塔松，新栽了丁香、月季、黄金盏、紫罗兰、绣球、黄杨等花草树木，设立了乒乓球台和羽毛球场地，安装了玉兰照明灯，使得园林面貌焕然一新。这座闹中取静的小公园，至今仍是附近居民和儿童休闲游玩不可或缺的场所。

人民广场建得快

为庆祝中华人民共和国成立，天津于 1949 年 9 月底兴建人民广场，仅用两天时间就建成了。这个广场位于河东大王庄附近的六纬路一带，可容纳 20 万人。

9 月 26 日，驻津某部解放军及公安总队千余人首先动工。27 日，参加者增至一万八千余人，包括工人千余人，部队及公安总队两千余人，市政府所属各局人员两千人，大、中学校学生及教职员一万三千七百余人。从早晨九时半开始工作，一大片坎坷的土地，经过一锹连一锹的清整，至下午二时许，大部已成为平坦的广场。北洋大学老教授、机械系主任潘承孝，走了几十里路赶来，抢着和同学们一起工作。

原人民广场附近的苏联驻天津总领事馆旧址

至 9 月 28 日，人民广场已修建完成。当日南开大学二十多位教授早晨六时就随着同学的队伍走进广场劳动，文学院院长冯文潜老教授虽然举着锄头感觉吃力，但是他仍不稍松懈，老师们的这种热情给同学们以极大的鼓舞。在广场的入口处，搭起了木牌楼，安装了电灯。

10 月 2 日下午，人民广场已布置得光彩夺目，上万面红旗迎风招展，广场中间燃起"开国万岁，保卫和平，保证生产"十二个烟火大字。天津各界在这里隆重举行庆祝中华人民共和国成立大会，20 万人与会。以著名作家法捷耶夫为首的苏联文化艺术科学工作者代表团，以及朝鲜、意大利等国家的友人，与天津人民一道庆祝这个节日。全国总工会副主席刘宁一，知名人士李德全、许广平、瞿独伊，著名作家曹靖华、曹禺等，亦随苏联代表团来津参加大会。会后举行了提灯大游行。晚八时许，六支游行队伍由人民广场向市区各主要街道分别行进，行列长达十余里。游行持续至翌日清晨四时，队伍解散回家时，东方已泛起了朝霞。

距人民广场不远的海河渡口，横排着一长列大木船，船上飘着五星红旗，船杆上贴着各色标语，这是为便利海河西岸的市民到人民广场去参加庆祝大会而临时搭建的浮桥。这些船只是第三次搭桥了，第一次是北平解放后为了渡运傅作义将军改编的部队，第二次是渡送南下的解放大军，而这一次就是为了迎接这全中国人民欢腾庆祝的日子。

中心广场诞生记

海河中心广场，自 1959 年建成，至 20 世纪 90 年代中期全部拆除，历经三十多年，是天津历史上持续时间最长的大型群众集会、游行场所。最近看到有文章

海河中心广场的变迁

说这个广场是为庆祝新中国成立 10 周年而建，这种说法是不准确的，实际上这个广场是为庆祝 1959 年的"五一"国际劳动节而建设的。

1958 年，天津市人民委员会决定在市内兴建一个人民节日集会的中心广场。这个广场位于海河北岸解放桥至胜利桥（今北安桥）之间，与海河公园隔河相望。广场建成后，可以容纳五六万人聚会联欢。广场建设工程于 1959 年 3 月下旬正式动工。动工以前，广场所在地原有的二万六千多平方米的建筑物和地下设施已经拆除。广场建设工程包括修筑一条长一千多米、宽三十米的炒油路面道路，沿河修筑一千一百多米长的护

岸，在民族路和民生路之间的沿河地带开辟面积为一万五千多平方米、铺筑混凝土砖的广场和停车场。这项工程技术复杂，施工现场狭小，人员集中，但承建工程的道桥公司职工克服困难，苦干加巧干，加速施工。

经过一个多月的紧张施工，广场建设工程于4月24日基本完成。广场上有四个花坛。广场周围种植了数百株树，有塔松、洋槐、海棠等，与围在河岸边的绿栏杆连成一体。栏杆下面，是一堵用花岗石砌成的护坡。护坡中段，在民族路和民生路口，辟成两个三十米宽的渡口，用大石砌成的台阶，从河面铺筑到广场上。台阶两旁矗立着圆球灯柱。

5月1日，天津市十万人民举行庆祝"五一"国际劳动节和反对外国反动派干涉我国内政的示威游行。新建的中心广场四周红旗迎风飘扬，数千名穿着艳丽服装的学生在场内南边组成"五一"两个大字，沿着海河新栽的松柏显得十分青翠。主席台中间矗立着毛泽东塑像，对面两侧分别矗立着马克思、恩格斯、列宁、斯大林画像，广场中间矗立着孙中山画像。少年儿童的队伍走过主席台时，无数的和平鸽和各种颜色的气球从他们手中飞向天空。游行结束时，少年儿童们一齐拥向主席台前，台上台下齐声鼓掌欢呼，鲜花招展，整个广场沉浸在一片欢腾之中。

中心广场面临海河，环境优美，建成后便成为广大市民的游乐和休息场所。建成当年的夏季，区文化部门在这里搭起了两座舞台，周末放映电影、幻灯，或演出戏曲、曲艺、杂技，让市民度过愉快的消夏时光。

棉纺二厂宿舍多

　　天津市棉纺二厂，最早的名称叫"裕元纱厂"。第一次世界大战期间，北洋军政、财经要人倪嗣冲、王郅隆、段祺瑞、朱启钤、曹汝霖、王揖唐、徐树铮、段芝贵、

棉二大院里的公寓

吴鼎昌、段永彬、王克敏、陆宗舆、周作民等，抓住世界纺织业发展的黄金季节，在海河西岸小刘庄共同创办了裕元纱厂。该厂占地 260 亩，初期拥有纱锭 25000 枚、织布机 500 台。全套纺机、织机均自美国慎昌洋行进口。其中发电厂的机电设备均为美国奇异公司产品，是天津首家自行发电的大企业。经过三年建设，裕元纱厂于 1918 年 4 月 17 日开业，很快便成为华北地区最大的纺织企业。

　　1936 年，日商钟渊纺织株式会社以赊账形式夺取了裕元纱厂控制权，并更名为"公大六厂"。日本投降后，国民党政府接收公大六厂，改名为"中国纺织建设公司天津第二纺织厂"，简称"中纺二厂"。新中国成立后，1950 年，中纺二厂改为"国营

天津市第二纺织厂"，后又改为"天津市第二棉纺织厂"。该厂是天津纺织规模最大、生产能力最强的大型企业。全厂职工人数曾达万余人，居市内各工厂第一。

1959年，解放南路延长线开通，棉纺二厂主厂门遂由海河边改开在解放南路上，俗称"新大门"，使该厂与市内各处联系更加便利，大多数职工上下班也更加方便。

从裕元纱厂到棉纺二厂，这家大企业不仅拥有自己的发电厂，余电供应给附近居民区，而且曾经拥有自己的子弟小学和幼儿园，校园区域比社会上一般的小学和幼儿园还要大。厂内的棉二礼堂也很壮观，超过社会上一般的影剧院。

给人印象特别深的，是厂外的棉二宿舍规模非常大。该厂的职工宿舍，包括东舍宅、西舍宅、棉二大院、西南楼新村二段和五段等，都是专设居委会规模的居民区。在天津市区，尤其是在河西区，没有任何其他企业能有棉纺二厂这样的实力和影响力。

2005年，天津纺织企业进行重组，该厂与其他纺织企业合并并迁移。棉纺二厂原址已被拆除，取而代之的是盈海园、海河西岸公馆、海河大观等居民区及商贸设施。原来的棉二宿舍中，现仍保留着东舍宅、棉二大院两个地名。

尖山宿舍"八大里"

天津市道路运输局近年对 58 处公交站点名称进行集中调整，其中将大沽南路"尖山宿舍"公交站名调整为"土城地铁站"。2012 年，作为天津加快推进旧城区改造的一项重要内容，河西区尖山"八大里"开始拆迁。笔者搜索了一下天津主要纸媒，近些年"尖山宿舍"一词几乎只作为公交站名出现在这些媒体上。

尖山宿舍所在尖山街道，以界内尖山村而得名。尖山村又名尖山庄，记载始见于明代，到清代道光年间已经形成近五百人的村落。1949 年建立尖山人民街公所。1953 年建立南楼、土城街公所，1954 年更名街道办事处。1960 年改称土城人民公社，同年并入陈塘庄人民公社。1963 年将原土城街道办事处从陈塘庄街道办事处划出，设立尖山街道办事处。

尖山宿舍是

尖山今貌

一大片楼房建筑风格统一的居民区，即著名的尖山"八大里"。"八大里"是新中国成立初期天津建设的规模最大的多层住宅居民区，位于尖山街道北部，东临解放南路，西临尖山路，北临大沽南路，南临黑牛城道。所谓"八大里"，一般指红星里、红升里、红霞里、红山里、曙光里、红光里、金星里、光明里。也有当地居民认为，红山里的位置应是红专里。后来的红山里，在早期是尖山村。真正的"八大里"之一的红专里，即是现在天津光电通信集团公司所在地。

1954 年冬天，尖山"八大里"宿舍楼开始设计施工（当然，那时还没有"八大里"这个统称）。按照图纸设计，宿舍楼中的每个单元由二到五个房间组成；但由于当时条件有限，实际上本来为一个家庭设计的单元分成了很多家，成为"伙单"，几家人住在一个单元里，共用厨房和厕所。不过，"八大里"的低层宿舍楼在当时天津新建的住宅区中仍是条件最好的，不仅楼间距较大，绿化较好，配套设施也很齐备，街区公园、副食店、食品店、早点部、百货店、理发店、邮局、新华书店、中小学等一应俱全，附近还有南楼百货商场、河西百货商场、尖山礼堂、尖山公园（后改为天津市青少年儿童活动中心即天津乐园、现为天津文化中心）等大中型商业娱乐场所。改革开放后，在尖山宿舍建成资水道农贸市场，全国闻名；尖山的曙光里小商品市场，也曾是市民淘宝的乐园。

名家荟萃科艺里

河西区挂甲寺街道有个科艺里，它是一个有名的居民小区。科艺里位于解放南路西侧，北邻天津医院河西院区，南邻登发装饰城（原址为天津市冶金实验厂轧钢车间）。1982 年市科委、市文化局联合建设，故名。小区占地 8623 平方米，共有四至六层住宅 13 幢。

科艺里有名，是因为这个小区里集中居住着一大批享誉全国的老艺术家，如马三立、常宝霆、厉慧良、张世麟、丁至云、王则昭、赵松樵、赵慧秋、李荣威、张志云、李近秋、王裕民、沙惟、小花玉兰、筱玉芳、羊兰芬、白云峰、李润杰、史文秀、小岚云等。他们在京剧、评剧、话剧、曲艺等表演艺术领域卓有成就。

汇聚众多老艺术家的天津市表演艺术咨询委员会于 1987 年成立时，半数以上的委员居住在科艺里。当时那里没有暖气设备，而委员中最高龄者已 90 岁，年老体弱，生活极为不便。在丁至云、王则昭、莲小君等著名艺术家的帮助下，表演艺术咨询委员会与小区附近的温泉宾馆联系，将该宾馆的地热供热系统引入科艺里住宅区，解决了小区的冬季取暖问题。

居住在科艺里的老艺术家们发挥各自的优势，积极参与社区文化活动。1990 年 8 月，河西区挂甲寺街举办"迎亚运消夏纳凉文艺晚会"，居住在科艺里的马三立、赵松樵、小花玉兰等著名演员为八百多名街坊邻里演出了各自的拿手好戏。1997 年 8 月，河西区挂甲寺街、区有线电视台举办消夏晚会，科艺里居民、著名评剧表演艺术家小花玉兰和著名京剧表演艺术家王则昭、京剧老演员袁文君分别演唱的评剧《凤还巢》《牛郎织女》《拜月记》选段和京剧《智取威虎山》《战太平》《红灯记》等选段，韵味醇厚，委婉动听，令在场的两千余名居民群众大饱耳福。

老艺术家们还积极参与科艺里社区建设。相声大师马三立曾经戴着红袖箍，协助民警和居委会巡查小区治安情况。2001年，科艺里小区在居民中兴起创建特色楼的社区文化活动，一栋栋以科普、文史、育才、文化、治安等为特色的楼栋成为小区居民的文化活动阵地，谱写了小区文化的新篇章。小区还设立了展示特色楼栋成果的百米文化长廊，社会影响大，居民也喜欢。

科艺里今貌